SACRÉE BUNCHE

Aline Kominsky-Crumb

L'Association

Traduit de l'anglais (USA) par Sophie Crumb,
avec l'aide de Jean-Pierre Mercier.
Traduction de la postface : Jean-Pierre Mercier.

Lettrages de couverture de Robert Crumb.
Lettrage des planches et création typographique : Jean-François Rey.
Maquette et lettrages additionnels : Fanny Dalle-Rive.
Fabrication : Blanchette.
Relecture : Lorane Marois.

Édition originale : *LOVE THAT BUNCH*

Agence littéraire Lora Fountain & Associates.

Bunche [bœntS] n. f. – 1972; altér. de l'angl. amér. honeybunch « bouquet de miel »

En 1972, à San Francisco, Spain Rodriguez présente Aline Kominsky à Robert Crumb. Par une étrange coïncidence, celui-ci a déjà créé un personnage nommé Honeybunch Kaminski qui, par certains aspects, ressemble beaucoup à Aline. Les amis de Robert se mettent alors à l'appeler Honeybunch. Peu séduite par ce surnom, dont l'équivalent peut être « mon chou », « ma douce » ou « ma puce » en français, Aline joue la provocation en s'habillant comme son double. Jusqu'au jour où un visiteur déboule dans leur appartement et l'appelle Bunch tout court. Quelque chose comme « le paquet » en français, un truc compact, qu'on peut empoigner. Le sens du diminutif est moins reluisant que le surnom affectueux, mais Aline s'en empare aussitôt. Elle sent qu'elle peut se l'approprier, le tordre jusqu'à ce qu'il lui ressemble vraiment. Désormais, Aline sera la Bunche.

INTRODUCTION PAR SOPHIE CRUMB

Je dois vous dire que cela n'a pas été facile de traduire cette BD, croyez-moi !
Certains passages me paraissaient simplement intraduisibles. Il faut comprendre, quand vous lirez cette adaptation (ce mot est plus juste que traduction), qu'Aline écrivait comme elle parlait, dans un langage familier, une phonétique marquée par l'accent new-yorkais, arrosée de mots d'argot yiddish, des restes d'Europe de l'Est où est née son arrière-grand-mère. Cela donne un étonnant mix parfois brut qui ne ressemble qu'à elle.
En traduisant, j'entendais la voix de ma mère me parler, dans toute sa démesure et son humour. C'était mystique.
Il y a aussi l'argot typique des années 60-70 (des mots comme « groovy », « far-out ») qui vient se mélanger au reste.
Et quand Aline parle de Robert, elle dit rarement « Robert », elle l'appelle « Rahbit », avec l'accent juif de New York. Comment traduire ça ? Impossible ! Quand elle parle d'elle-même en tant qu'artiste, elle ne dit pas « artist », elle dit « ahtist » avec pas mal de dérision.

Gardez donc en tête ces détails de la version originale qui ont forcément été perdus car cet accent et cette culture n'ont pas d'équivalent en France. J'ai ajouté le moins d'astérisques et de notations possible, je voulais que cette BD reste lisible pour vous, et que vous alliez jusqu'au bout, vaillants lecteurs, quitte à perdre quelques miettes en chemin.

C'était quelque chose de très fort pour moi, qui suis présente dans la BD en tant que petite peste qui apprend le français plus vite que mes parents, de jouer un rôle dans cette histoire, de pouvoir participer à rendre accessible le travail de ma mère dans le pays dont elle est tombée amoureuse et où elle nous a traînés (tout est raconté !), et de l'emmener plus près des lecteurs et lectrices francophones. C'est une belle validation, une belle conclusion à son histoire dans laquelle la France joue un grand rôle. Je sais que ma mère serait très heureuse et fière de donner l'occasion aux Françaises et Français de rentrer enfin dans son univers, si particulier et si original.

Haut les cœurs !

Sophie Crumb, juin 2024

ALLEZ, CALME-TOI... T'ÉNERVE PAS... STRESSE PAS !
MA P'TITE FILLE CHÉRIEEE !

SOMMAIRE

La jeune Bunche, une non-aventure non romantique

Le premier amour de la Bunche... il s'appelait Al.
Une boum au lycée de valley stream.
PLUS DE FILLES QUE DE GARÇONS
MON DIEU, MON DIEU IL ME REGARDE, OH LÀ LÀ, J'ESPÈRE QUE J'AI L'AIR SEXY !
LA GROSSE LÀ-BAS A L'AIR CHAUDE. J'VAIS LUI FAIRE DU GRINGUE.
HEY, TU T'APPELLES COMMENT ?
HEU, UM, BEN, MES COPAINS M'APPELLENT LA BUNCHE.
" GLOUPS..
EH, ON SE CASSE D'ICI TOUS LES DEUX OU QUOI ?
OH LÀ LÀ, IL A L'AIR SI MAUVAIS.
OH BAH OUI, OUI, BIEN SÛR JE VEUX BIEN PARTIR AVEC TOI, TU T'APPELLES COMMENT DÉJÀ ?

UN PEU PLUS TARD :
C'EST TELLEMENT EXCITANT, J'AI HÂTE DE RACONTER ÇA À CAROLE*.
AL ET MOI, SEULS DANS UNE VOITURE !!
COMME DANS MES RÊVES.
HEY LOUIE, QU'EST-CE QUI SE PASSE MEC ?
RIEN, MEC.
* MA MEILLEURE AMIE
AL, POURQUOI ON S'EST ARRÊTÉ ICI, IL FAIT TOUT NOIR.
DÉTENDS-TOI BÉBÉ, J'FERAI RIEN SI T'AS PAS ENVIE.
NON S'IL TE PLAÎT, ARRÊTE !
MMM
JE VAIS LA CHAUFFER
NON, ARRÊTE AL, ARRÊTE
OH POUPÉE
ELLE SE LAISSE TRIPOTER
JE CROIS QU'ELLE VA ME LAISSER FAIRE...

MON PREMIER PÉNIS :
C'EST TROP MOCHE
ON DIRAIT DU GÉSIER
NE LA METS PAS!
NON, ARRÊTE, NON
NON NON NON
AÏE
AHHHH OH PUTAIN!
PLUS TARD :
S'IL TE PLAÎT NE LE DIS À PERSONNE!
ALLEZ VIENS, T'AS PAS ENVIE D'UN BURGER ?
J'AI FAIM !
PAS MOI

CHEZ MOI AVEC MA MEILLEURE AMIE CAROLE.
CAROLE J'AI UN TRUC À TE DIRE MAIS JURE-MOI QUE TU NE SERAS PAS FÂCHÉE.
OK JE NE SERAI PAS FÂCHÉE, J'SUIS TA MEILLEURE AMIE, BUNCHE.
JE SAIS MAIS LÀ C'EST TELLEMENT GRAVE, J'AI PEUR DE TE LE DIRE
GRAVE COMMENT? ON S'EST DÉJÀ COMPLÈTEMENT ANALYSÉES L'UNE L'AUTRE. JE SAIS TOUT SUR TOI, PAS VRAI?
OUAIS, PRESQUE TOUT MAIS...
MAIS QUOI? JE T'AI DIT QUE MES PARENTS ALLAIENT PEUT-ÊTRE DIVORCER, NON? T'AS INTÉRÊT À ME LE DIRE MAINTENANT QUE T'AS DIT QUE T'AVAIS UN TRUC À DIRE !!
J'AI COUCHÉ
VOILÀ JE L'AI DIT
OH MON DIEU! QU'EST-CE QUE TU VAS DEVENIR? QUI VOUDRA DU DEUXIÈME CHOIX?
JE VAIS DEVENIR BONNE SŒUR.
C'ÉTAIT COMMENT?
AH, T'AIMERAIS BIEN SAVOIR HEIN!
PAS DU TOUT, C'EST VRAIMENT DÉGOÛTANT, BEEURK !! COMMENT T'AS PU?
EN VRAI, C'ÉTAIT COMMENT, BUNCHE?
TRUE CONFESSIO

(1) Île au nord-est de NYC comprenant Brooklyn et Queens. Aline évoque ici les quartiers résidentiels les plus éloignés de New York comprenant surtout des communautés juives et italiennes de classe moyenne, dont Forest Hills.

JOHN BEATLES PAUL
PAUL ON VOUS AIME JOHN
JOHN BEATLES GEORGE RINGO
RINGO PAUL
PAUL
RINGO
GEORGE
JOHN
CES CONNASSES VONT TOUT GÂCHER. COMMENT J'VAIS FAIRE?
LA BUNCHE RÊVE...
OH GEORGE J'ÉTAIS SÛRE QUE ÇA SERAIT COMME ÇA!
OH BUNCHE, CHÉRIE, J'AI TOUJOURS RÊVÉ DE QUELQU'UN COMME TOI QUI ME COMPRENNE ET M'AIME COMME JE SUIS.
SALUT CHÉRIE
SALUT
PAUL, JOHN, RINGO, VOICI MA NOUVELLE COPINE, BUNCHE!
SALUT
SALUT LES GARS
JE NE SUIS PAS COMME CES MILLIONS D'AUTRES FILLES... QUAND GEORGE ME VERRA...
Beatles
LA BUNCHE REVIENT ALORS SUR TERRE POUR ÉCHAFAUDER UN PLAN SÛR.
IL FAUT QUE JE ME DÉBROUILLE POUR TROUVER LE LIEU SECRET D'ARRIVÉE DES BEATLES... COMME ÇA JE POURRAI RENCONTRER GEORGE AVANT QU'IL N'ARRIVE ICI...
FAUT TROUVER UN INDIC, MAIS QUI JE CONNAIS QUI POURRAIT SAVOIR?
HM HM HM
ONCLE BEN!
JE VAIS L'APPELER. C'EST UN JUIF RICHE ET TRÈS PUISSANT!!
SALUT ONCLE BEN, FAUT QUE TU ME DÉPANNES. NON JE N'AI PAS BESOIN D'ARGENT!
FAUT QUE TU ME TROUVES OÙ ET QUAND LES BEATLES ARRIVENT.
TU LE SAIS DÉJÀ... OH MON DIEU!!!
UNE HEURE PLUS TARD À L'AÉROPORT KENNEDY INTERNATIONAL, VOLS INTÉRIEURS...
HÉ, HÉ, JE SUIS LA SEULE FILLE ICI, ET J'SUIS SÛRE QU'ILS VONT ARRIVER PASQU'Y A DES FLICS ET TOUT!
RESTEZ DE L'AUTRE CÔTÉ DE LA BARRIÈRE, MADEMOISELLE!
OUI OUI, BIEN SÛR MONSIEUR.
NYPD
N.Y.P.D.
MON CŒUR, MES NERFS, OH MON DIEU
LES BEATLES ARRIVENT, PENSANT AVOIR BERNÉ LES FANS FEMELLES EN FURIE. C'EST VRAI, SAUF QUE...
HIIIIII!!! GEORGE!!!
AU SECOURS!!
NYPD

HIIIIIIIII
GLOUPS
HIIIIIIIIIIIIII
GEEORRRGE
PAR ICI POULETTE
ALLEZ CASSE-TOI
J'AI FRÔLÉ LE BONHEUR ABSOLU AUJOURD'HUI. SI SEULEMENT GEORGE AVAIT RÉALISÉ QUE C'ÉTAIT MOI.
SNIF SNIF
CE SOIR-LÀ À LA MAISON...
UN NOUVEAU CAS DE BEATLEMANIA A FRAPPÉ AUJOURD'HUI.....

[1] Quartier des beatniks et des hippies à New York dans les années 60.

À L'INTÉRIEUR :
PARTOUZE PARTOUT BÉBÉ
TU ME DEMANDES MA PHILOSOPHIE BÉBÉ
J'POUVAIS PAS PLANER !
TUER TUER TUER POUR LA PAIX
FUGS
CAPSULES SUR BÂTON
LE BATTEUR EST TELLEMENT BESTIAL... J'AI ENVIE QU'IL ME PRENNE... OH LÀ LÀÀÀ !
UNH UNH UNH !
BRANLE BRANLE BRANLE !
OH MON DIEU IL M'A REMARQUÉE ! IL A SORTI SA BITE, JE LA VOIS !!
BELLE PETITE AUX LÈVRES HUMIDES ET DOUCES
MOI MOI MOI J'AI DES LÈVRES HUMIDES ET DOUCES !
EN COULISSE APRÈS LE CONCERT :
VOILÀ LE BEAU GOSSE SUR LE CANAPÉ ! KEN WEAVER
EXIT
FUCK SHIT
SUCK MY DICK
MINEURE ET MOCHE
SALUT KEN J'AI VRAIMENT ADORÉ LE CONCERT, TU ME RAMÈNES CHEZ TOI ? STEUPLAÎT ??
TIENS MA GRANDE, PRENDS CE SANDWICH AU FROMAGE
BON, WEAVER, BORDEL ! ON RENTRE... DIS DONC, TU TROUVES PAS QU'ELLE EST UN PEU TROP JEUNE ? CONNARD !
OUI BETSY, J'ÉTAIS JUSTE EN TRAIN DE...
RIEN.
EN TRAIN DE QUOI ?
BON ALLEZ VIENS, ON Y VA.
COMMENT ÇA ?
FAIS PAS L'INNOCENTE, JE SAIS CE QUE TU VEUX
BON, UN FUG VAUT MIEUX QUE PAS DE FUG DU TOUT
AH BON... MÊME SI C'EST WEAVER QUI ME PLAÎT, TU T'EN FICHES ?
NAN, M'EN FOUS...
JE PRÉFÉRERAIS M'EN TAPER UNE AUTRE MAIS BON !
AH !

UN PEU PLUS TARD :
HEY VINNIE, OÙ ON EST ?
7E RUE ENTRE AVENUE C ET D
PUTAIN, MAIS TU SORS D'OÙ ? ON EST DANS L'EAST VILLAGE !
NAN MAIS ON EST À BROOKLYN OU QUOI ?
AH OUAIS, J'CONNAIS, J'EN AI ENTENDU PARLER DANS LE JOUR-NAL.
DIS, C'EST VRAIMENT SYMPA CHEZ TOI VINNIE... J'ADORE
E LOVE
OT WAR.
FUGS
OH, VOILÀ LA CHAMBRE À COUCHER... PRATIQUE, MÊME PAS DE SOMMIER NI RIEN !
JE SUIS TRÈS ANGOISSÉE, JE VOIS DES PETITES BÊTES PARTOUT !
ALLONS-Y MA CHÉRIE !
GLOUPS !
J'POURRAIS PAS AVOIR UNE BIÈRE AVANT ?
SI, ET ON VA FUMER UN PÉTARD AUSSI ! OK ?
OUAIS !
JE VOUDRAIS ÊTRE CHEZ MOI DANS MON LIT... OH MON PAUVRE CERVEAU !
TIENS FUME ENCORE DE L'HERBE ! C'EST DE LA BONNE !
NOT
NON MERCI
PIPE ?
ALLEZ SOIS GENTILLE, FAIS-MOI UNE BONNE PIPE ! ALLEZ, OUVRE !!

(1) Schmuck : argot yiddish pour dire connard.

Tu kiffes, mec (avec la Bunche)

À LA MAISON :
BON, BAH Y A PERSONNE... JE VAIS ME COUCHER !!
PENDANT CE TEMPS :
AH, T'AURAS JAMAIS D'AUGMENTATION ! IL SE FOUT DE NOUS... BLABLABLABLA QUEL CON !!
BUNCHE A INTÉRÊT À ÊTRE RENTRÉE, SINON...!!
GEORGE... POURQUOI TU ME REGARDES COMME ÇA ?
OUI, GEORGE !
IL SAIT !!
MAIS JUSTE AU MOMENT OÙ BUNCHE VA AVOIR LA RÉVÉLATION DES MESSAGES SECRETS DE GEORGE...
C'EST BON ARNIE, ELLE EST AU LIT !!
C'EST BON ARNIE !!
Hiiiii !!
QUE DIEU LUI VIENNE EN AIDE . . . . ELLE N'A PLUS JAMAIS ÉTÉ LA MÊME !!
FIN.

BUNCH
PLAYS WITH
HERSELF
© 1975
ALINE
KOMINSKY
AÏEEU
ÇA FAIT
TROP MAL !!
DUR DE LES VOIR,
CEUX-LÀ.
BEUURK
MON CUL
ME GRATTE
BEAUCOUP.
J'ESPÈRE
QUE PER-
SONNE NE
VOIT !
ÇA PUE ET
J'AIME
ÇA !
MMM
MIAM !

HOME SWEET HOME
C'EST QUOI CE BRUIT?
UHN UHN UHN
OHHH AHHH AHHHH BE BE BE
ET MAINTENANT JE VAIS FLOTTER DANS MA PISCINE ET BRONZER.
MAINTENANT FAUT QUE J'ME TARTINE.
MON CORPS EST UNE SOURCE INFINIE DE DIVERTISSEMENT!
POP!
FIN.

LA BUNCHE REVIENT AVEC
TOUJOURS PLUS D'HISTOIRES TORTURÉES
CELLE-CI S'APPELLE
Oh Camp So Dear
BOUMS
BEURRE DE CACAHUÈTES ET CONFITURE
ON VEUT MANGER ON VEUT MANGER ON VEUT MANGER !!
LA VIE EN GROUPE !
BASEBALL, ARTISANAT...
DORTOIR 45 - FILLES
JE M'EN-NUIE
LE CHEZ-SOI LOIN DE CHEZ-SOI...
...ÉQUITATION...
AVEC DES CŒURS TENDRES NOUS NOUS RASSEMBLONS...
ETC., ETC. OH CAMP LAKE-VU NOUS T'AIMONS TANT...
© 1976
douleur
DE L'ÉQUIPE BLEUE ALMA MATER, CAMP LAKE-VU, AOÛT 1962, LAC KONKAKOOTCHIE, NEW JERSEY
AlINE KOMINSKY
HONNÊTETÉ COMPULSIVE... RÉVÉLATIONS RÉPUGNANTES
Cette histoire est dédiée à Carole Milt, longtemps ma meilleure amie, qui a été tuée dans un accident de voiture l'année dernière et ça me déprime beaucoup. Un été au Camp Lake-Vu je lui ai roulé une pelle.
28 JUIN 1960, LE PREMIER ÉTÉ DE LA BUNCHE AU CAMP LAKE-VU, ELLE ENTRE DANS LE DORTOIR 45.
JE VEUX DORMIR À CÔTÉ DE JANICE
HÉ, T'APPELLES COMMENT?
MOI C'EST PENNY APPIL
JE VEUX ÊTRE AU MILIEU
NON TU Y ÉTAIS DÉJÀ L'AN DERNIER !
JE M'APPELLE LA BUNCHE
BON BEN JE DORS AU BOUT !
HÉ LES FILLES VOICI BUNCHE LA NOUVELLE.
TU SAIS UTILISER DES TAMPONS ?
TU VAS À QUELLE ÉCOLE ?
SALUT MOI C'EST BEV !
JE VAIS AU COLLÈGE LAWRENCE, NON J'AI EU MES RÈGLES QU'UNE FOIS ET JE SUIS CONTENTE DE VOUS RENCONTRER TOUTES.
OÙ EST LA MONITRICE ?
KESKYA, T'AS PEUR DE NOUS ?
C'EST DES VRAIES PESTES !
T'INQUIÈTE, TU VAS ADORER ICI !
MÉ-CHAN-TE !
OK LAISSE TOMBER
HI HI
OUAIS, J'ES-PÈRE
CETTE COLO EST CHÈRE, FAUT QU'J'AIME !
YOUPI !
BIENVENUE AU DORTOIR 45 !
OH QUEL DOMMAGE, T'ES TOUTE DÉPEIGNÉE !
BIEN VISÉ !
HEH HEH
HÉ NE LE PRENDS PAS PERSO !
OUAIS C'EST ÇA !
BUNCH
BUNK 45 - G
BONJOUR LES FILLES, JE SUIS MARILYN GOLDMAN, VOTRE NOUVELLE MONITRICE CET ÉTÉ.
TOUT LE MONDE EST HABILLÉ ? ON DOIT ÊTRE AU LEVER DES COULEURS DANS CINQ MINUTES !!
ET JE COMPTE SUR LES ANCIENNES POUR AIDER LES NOUVELLES ! ALLEZ ! C'EST PARTI !
ON VA PASSER UN SUPER ÉTÉ !
CAMP LAKE VU STAFF
CES FILLES SONT DES CONNASSES DE MERDE, ET J'AIMERAIS QUE MA MEILLEURE AMIE CAROLE SOIT LÀ !
ALLEZ, RATTRAPE LES AUTRES FILLES MAINTENANT !!
NOUS SOMMES LES G-45 ET ON EN EST FIÈRES, ET SI T'ENTENDS PAS ON CRIERA PLUS FORT !!
BON, S'IL LE FAUT
BEV
PATTI
PENNY
BUNCH
ALLONS, ALLONS, JE VEUX VOIR TON SOURIRE !!
BIEN M'DAME
STAFF

TOUTE LA COLONIE SE RASSEMBLE AUTOUR DU DRAPEAU
REC. HALL
J'ESPÈRE QUE CE GROUPE AURA UN MEILLEUR INDICE DE MASSE CORPORELLE QUE CEUX D'AVANT
JE ME DEMANDE SI CET ABRUTI SAURA GÉRER CES BARBARES !
PLUS FORT !
SALUT LES CAMPEUSES ! BIENVENUE À TOUS AU CAMP LAKE-VU ÉDITION 1962 !
CAMP LAKE VU
NURSE
CAMP MOTHER
HEAD COUNSELOR
OWNER
LE NOUVEAU CHEF DE CAMP LES ACCUEILLE.
JE M'APPELLE HANK ROSENGARTEN ET JE SUIS VOTRE CHEF DE CAMP CET ÉTÉ ! ET SI VOUS COOPÉREZ AVEC MOI LES ENFANTS, ON VA PASSER UN ÉTÉ D'ENFER !
POUR COMMENCER IL Y AURA UNE BOUM POUR TOUS LES ANCIENS CAMPEURS AU FOYER, APRÈS LE DÎNER !!
HEAD COUNSELOR HANK
WOW J'AI HÂTE DE POUVOIR DANSER AVEC SOK !
QUI T'A DIT QU'IL DANSERAIT AVEC TOI !
PERSONNE NE DANSE AVEC MOI !
AH BON ? QUI EST SOK ?
CAMP LAKE-VU
BUNCH
MAIS C'EST QUI CE MEC, SOK ? J'VEUX DIRE, QU'EST-CE QU'IL A DE SI GÉNIAL ?
BEN IL S'AVÈRE QUE C'EST LE MEC LE PLUS BEAU, LE PLUS COOL DES ANCIENS ! ET IL EST SORTI AVEC MOI TOUT L'ÉTÉ DERNIER
OH !
MOI JE L'AIME PAS TROP !
BIEN SÛR BEV, COMME S'IL ALLAIT FAIRE ATTENTION À TOI, HAHA !
JE SUIS LÀ QUE DEPUIS QUELQUES HEURES ET DÉJÀ JE N'AIME PAS CETTE FILLE, JAN. ELLE A UNE SACRÉE TARTINE SUR LA FIGURE ! BEURK !
BOH, ELLE N'EST PAS SI HORRIBLE, T'APPRENDRAS À LA CONNAÎTRE.
MOUAIS ON VERRA, ET COMMENT EST LA BOUFFE ICI ?
MERDIQUE, MAIS JE PRENDS 5 KILOS ICI TOUS LES ANS !
OH MON DIEU, MA MÈRE ME TUERA SI JE PRENDS 1 GRAMME !
JE TE TROUVE BIEN ROULÉE !
ELLE A MENACÉ DE M'ENVOYER AU CAMP DE RÉGIME !
OUAIS MAIS J'AI UN GROS DERRIÈRE !
HMM.
LES FILLES AU DÎNER
WOW, DES SPAGHETTIS, ET MA MÈRE N'EST PAS LÀ POUR ME DONNER UNE PETITE PART !
ELLES NE SE SOUCIENT PAS DE LEUR LIGNE ?!
Y A QU'UNE PART DANS MON ASSIETTE
HÉ BEV, T'EN AS ASSEZ, T'ES SÛRE ?
JAN NE MANGE RIEN, FAUT P'TÊT' QUE JE FASSE PAREIL
DE RETOUR AU DORTOIR, ON SE PRÉPARE TOUTES POUR LA BOUM...
TU VAS METTRE QUOI, JAN ?
MON BERMUDA ROSE ET MON HAUT À CARREAUX ROSE ET BLANC.
JE HAIS MES TACHES DE ROUSSEUR !
COUVRE-LES AVEC DU FOND DE TEINT !
JE VAIS METTRE MA TENUE TURQUOISE !
J'SUIS MOCHE !
SUIS-JE MOCHE OU BELLE ?
JE SUIS LA BUNCHE, LA LA LA LAAA...
PATTI
JAN
PENNY
DEBBIE
BEV
LA BUNCHE
DANS LE SILENCE DE LA NUIT...
ET VOILÀ, ÇA SE PASSE COMME ÇA À LA BOUM !
OH LÀ LÀ, JOHNNY MATHIS EST SI ROMANTIQUE !
CHANCES ARE...
'CAUSE YOU WEAR...
SILLY GRIN
THE MOMENT I COME INTO VIEW...
MARILYN LA MONITRICE DES FILLES
LEE WEISSBACH MONITEUR DES GARÇONS
OK LES GARÇONS, FAUT INVITER LES FILLES À DANSER !
STANLEY SOKOLOFF
SOK
MIKE
STEVE
JOEL
KENNY
SHELDON
MARILYN + LEE PRÉVOIENT DE SE RETROUVER PLUS TARD AU TERRAIN DE HANDBALL !

LEE, ÇA NE MARCHE PAS, LAISSONS LES FILLES CHOISIR
BONNE IDÉE MA BELLE!
OK, POUR CETTE DANSE C'EST LES FILLES QUI CHOISISSENT!!
ALORS SOK, IL FAUT BIEN QUE QUELQU'UN BRISE LA GLACE! TU VEUX DANSER?
ALLEZ JAN, J'VEUX BIEN! COMMENT ÇA VA?
ALORS J'SUIS BELLE?
OUAIS CARRÉMENT!
MERCI
PAS DE QUOI!
ALLEZ JOEL FAUT QU'TU DANSES AVEC MOI, OK!
LA DANSE D'APRÈS, LES GARÇONS INVITENT LES FILLES...
TU VEUX DANSER JAN?
PAS VRAIMENT MAIS OK
HEU, HUM, JE PEUX DANSER AVEC TOI STEUPLAÎT?
OUAIS
OH MERCI!
ÇA VA
SALUT, J'SAIS PAS TON NOM MAIS M'ACCORDERAS-TU CETTE DANSE?
J'M'APPELLE LA BUNCHE.
MOI C'EST SOK
C'ÉTAIT AVANT QUE LA BUNCHE AIT DU GRAS ET DES BOUTONS!
C'EST LA PREMIÈRE FOIS QUE LA BUNCHE CHOPE "LE MEC". ELLE EST EN EXTASE ET N'OUBLIERA JAMAIS CETTE SENSATION!!! ....

* PROGRAMME PRÉSCOLAIRE POUR ENFANTS DÉFAVORISÉS.

J'AI COMMENCÉ À SORTIR AVEC HOWARD, MAIS IL FALLAIT SE CACHER.
J'AIMERAIS VRAIMENT QU'ON PASSE LA NUIT ENSEMBLE MA BELLE !
LA NUIT ?? FAUT DÉJÀ QUE J'INVENTE PLEIN DE MENSONGES POUR QUELQUES HEURES...
COMMENT RÉAGIRAIENT TES PARENTS SI JE DÉBARQUAIS CHEZ TOI, À TON AVIS ?
J'IMAGINE MÊME PAS ! JE TE L'AI DIT, MON PÈRE EST UN VRAI BIGOT !
OUAIS JE SAIS, MAIS DEMANDE TOUJOURS, JUSTE POUR VOIR, ON N'A RIEN À PERDRE !
JE VAIS PEUT-ÊTRE ME FAIRE BOTTER LES FESSES MAIS POURQUOI PAS.
À LA MAISON :
PAPA, FAUT QUE JE TE POSE UNE QUESTION.
VAS-Y DÉFONCE-LE, ESPÈCE DE SALE LIMACE...
UNE SECONDE STEUPLAÎT !
BANG BANG ! BANG ! BANG !
KESKYA ENCORE ?
BEN EN FAIT, J'AIMERAIS SORTIR AVEC UN GARÇON QUE J'AI RENCONTRÉ QUI S'APPELLE HOWARD.
ET ALORS ? RAMÈNE-LE ICI.
BEN EN FAIT IL EST NOIR !
AH BON BEN ÉCOUTE C'EST PAS GRAVE, DIS-LUI DE VENIR.
OK !
ESPÈCE DE PETITE PUTE À NÈGRES...
LE LENDEMAIN SOIR.
QUI EST LÀ, BUNCHE ?
BONSOIR BUNCHE
SALUT HOWIE.
BON BEN RENTRE
OH ÇA DOIT ÊTRE TON NOUVEL AMI HOWARD
ENCHANTÉ, M'SIEUR.
OUI OUI
DEUX SECONDES, JE REVIENS ! OK ?

MAINTENANT CASSE-TOI NÉGRO ET SI JAMAIS J'TE REVOIS, JE T'ÉCLATE TA CERVELLE DE NÉGRO !!
GRRRR!!
NON, NON ARRÊTE PAPA, IL A RIEN FAIT!
OK, OK, JE M'EN VAIS, MESSAGE REÇU, RELAX MEC.
AH BAH, JE ME SUIS BIEN OCCUPÉ DE CE PETIT NÉGRO, HEIN !! FAUT QUE JE RACONTE ÇA À MON POTE AARON.
COMMENT AS-TU PU FAIRE ÇA PAPA... ET ÇA TE FAIT RIRE!! TU NE PENSES PAS QUE LES NOIRS SONT DES HUMAINS AVEC DES SENTIMENTS COMME NOUS?
NON, PETITE CONNE, C'EST UN FAIT: ILS NE SONT QU'UN CRAN OU DEUX AU-DESSUS DU SINGE!
BON BEN ÇA T'APPRENDRA À NE PLUS JAMAIS T'APPROCHER D'UN SINGE, HEU, GARÇON COMME LUI... HÉ, HÉ!
OH PAPA, JE N'AI JAMAIS EU SI HONTE DE MA VIE, JE VEUX MOURIR, JE NE POURRAI PLUS JAMAIS REGARDER QUELQU'UN EN FACE!
QUAND JE SERAI GRANDE, J'EN ÉPOUSERAI UN ET TU POURRAS PAS M'EN EMPÊCHER!
BON TANT PIS, HOWARD ÉTAIT ARROGANT ET IRRITANT DE TOUTE FAÇON...
RETOUR AU PRÉSENT (VOUS ARRIVEZ À SUIVRE, J'ESPÈRE!!)
CRABCLAWS
REGARDE TOUTES LES MOTOS!
WOW, LES HELLS SONT LÀ CE SOIR!
SECRÈTEMENT, J'AIMERAIS ÊTRE KIDNAPPÉE ET BAISÉE DE FORCE PAR DES BIKERS BÊTES ET MÉCHANTS!
LA BUNCHE + LES MULLIGAN ARRIVENT AU CRABCLAWS, LEUR BISTROT PRÉFÉRÉ !!
À L'INTÉRIEUR:
HÉ REGARDE MES GROS BISCOTOS!! J'SUIS FORTE!! JE COURS 3 KMS PAR JOUR!! HA HA!!
PAS MAL CHÉRIE!
PAS MAL??
JE SUIS TELLEMENT CHIANTE, POURQUOI Y EN A PAS UN QUI RÉAGIT?
J'YEUX PAS VOIR ÇA
ELLE EST PLUS EN TRAIN DE MONTRER SES MUSCLES!
QUEL MONDE DE MERDE OÙ MÊME LES BIKERS SONT DES TAPETTES!!

(1) Schlub : mot d'argot yiddish pour désigner quelqu'un de mal habillé, loser, moche.

(1) Sacramento est une ville au nord-est de San Francisco.

LA MÉLODIE C'EST : J'ME REMETS EN SELLE

MR BUNCH
LE PAUVRE, IL HABITE À L'INTÉRIEUR DE LA BUNCHE!! IL VEUT SORTIR!!
UN JOUR ELLE VA S'EN PRENDRE UNE!
BAM! EN PLEINE POIRE.
IL FAUT QUE JE VOUS EXPLIQUE UNE CHOSE SUR MOI...
VOICI LA BUNCHE.
ELLE EST VRAIMENT TRÈS CONNE PARFOIS.
MIGNONNE, HEIN? LES HOMMES L'AIMENT BIEN, CES IDIOTS... ET J'AVOUE QU'ELLE AIME BIEN SE FAIRE BAISER!
ELLE ARRÊTE PAS DE M'HUMILIER ET DE ME FOUTRE EN ROGNE!
VOILÀ POURQUOI JE BAFFRE!
C'EST LA MERDE!
GRRRR!
ELLE CHANGE DE TENUE PLUSIEURS FOIS PAR JOUR.
POUAH, JE SENS SOUS LES BRAS, FAUT CHANGER DE T-SHIRT.
DEE DEE DEE DEE DEE DUM
ET MAINTENANT UN P'TIT PANTALON CAR IL FAIT FRAIS DEHORS.
J'AI PLEIN DE JOLIES CHAUSSURES... HA!
TU N'AS PAS INTÉRÊT À ME DIRE QUE JE SUIS VULGAIRE!
QU'EST-CE QUE J'AI FAIT DANS MA VIE ANTÉRIEURE POUR MÉRITER ÇA??
SAC À MERDE, CUL À FOUTRE, TÊTE DE CHIEN, JOUEUR DE BANJO!
SOIS PAS SI SENSIBLE, PURÉE!!
TU N'ES PAS LA PLUS BELLE, ET ALORS??
WAH WAH WAA AAH!
TON MEC N'EST PAS MIEUX QUE TOI, ALLEZ, FERME-LA MAINTENANT!
JE NE SUIS PAS DOMINANTE!
MES MOLLETS NE SONT PAS MAIGRES!
COUILLE MOLLE!

[1] Nom du personnage extrêmement populaire joué dans les années 1950 par le comique juif Phil Silvers dans le programme télévisé *The Phil Silvers Show*.
[2] Le 20 mars 1976, Patty Hearst sera finalement condamnée à deux ans de prison.

MORE of the BUNCH
Aline Kominsky © 1976
C'EST UNE JUIVE DE LONG ISLAND ET ELLE SE MÊLE DES AFFAIRES DE TOUT LE MONDE
ELLE EST VULGOS
ME VOICI LES AMIS, DE RETOUR POUR VOUS CONTER LES HISTOIRES DE MA VIE SORDIDE ! ET N'OUBLIEZ PAS, TOUT EST VRAI !
MAIS... ELLE A DU CŒUR !
DIX ANS ONT PASSÉ ; LA DERNIÈRE FOIS QUE VOUS AVEZ VU BUNCHE ELLE ÉTAIT ENCORE AU LYCÉE... MAINTENANT ELLE EST MARIÉE ET VIT À TUCSON, ARIZONA... ELLE A BEAUCOUP APPRIS... ELLE EST DEVENUE FEMME... MAIS LA VIE EST TOUJOURS UN ENFER ET ELLE SE POSE BEAUCOUP DE QUESTIONS !
À LA MAISON AVEC BUNCHE ET SON MARI, LE FURET !
LE DÎNER SERA BIENTÔT PRÊT.
IL DOIT FAIRE 50° ICI
AH TANT MIEUX PARCE QUE JE DOIS ÉTUDIER CE SOIR. GROS EXAMEN DEMAIN, JE SUIS TRÈS ANGOISSÉ
J'EN AI MARRE DU RIZ COMPLET ET DES COURGETTES
TEA
SA PÉRIODE MINCE
POURQUOI T'ES SI STRESSÉ ?
TRÈS DRÔLE BUNCHE ! TU SAIS QUE J'AI LES NERFS HYPER SENSIBLES. JE NE SUPPORTE PAS LE STRESS.
MOI AUSSI J'AI UN EXAMEN DEMAIN. JE SUIS EN CLASSE AVEC TOI, TU TE SOUVIENS ?
AH OUI
TU AS PRIS DU POIDS ?
J'Y CROIS PAS
NON, POURQUOI ? J'AI L'AIR GROSSE ?
BEN OUI !
HANN !
RICANE
PÉRIODE GLAMOUR... NOTEZ LE MAQUILLAGE.
MAIS JE MANGE À PEINE
BEURK ! DE LA CELLULITE, COMME SUR LE CUL DE MA MÈRE !
JE NE POURRAI PLUS BANDER SI ÇA CONTINUE COMME ÇA !

[1] Aux États-Unis, les cachets coupe-faim à base d'amphétamines étaient prescrits très facilement.

UN PEU PLUS TARD:
BUNCHE, JE SUIS RENTRÉ. J'AI PASSÉ UNE JOURNÉE DE MERDE. QU'EST-CE QU'ON MANGE?
BUHUHUHUNCHE!
BUUUHUHUNCHE!
MAINTENANT JE COMPRENDS MA NÉVROSE ET COMMENT C'EST LIÉ À MON PÈRE QUI ME COGNAIT LA TÊTE CONTRE LE MUR ET...
ET PERSONNE POUR ME DIRE QU'IL FAUT S'ESSUYER LE CUL DE L'AVANT VERS L'ARRIÈRE ET PAS LE CONTRAIRE ET...
dee dee dee dee dee da dee dee
JE ME SOUVIENS DU NUMÉRO DE TÉL DE MA MEILLEURE AMIE DU LYCÉE #CE-9-5994
HOULÀ ÇA TOURNE!
MAINTENANT JE TOMBE À LA RENVERSE DANS LE NÉANT.
BORDEL OÙ EST PASSÉE CETTE SATANÉE BONNE FEMME?
J'SUIS SÛR QU'ELLE S'ENLÈVE LES POINTS NOIRS DANS LA SALLE DE BAINS.
NON, ATTENDS!
J'ENTENDS QU'ON PARLE À CENT À L'HEURE, UN DÉLUGE DE MOTS QUI VIENT DE LA TERRASSE.
C'EST QUOI CE DÉLIRE?
JE ME DEMANDE POURQUOI JE PRÉFÉRAIS LA MAISON DE MES GRANDS-PARENTS À LA NÔTRE.
JE VOUDRAIS ALLER EN CHINE COMMUNISTE, CE SERAIT DÉMENT.
JE ME DEMANDE SI J'AI PERDU DU POIDS AUJOURD'HUI.

LE FURET MONTE SUR LA POINTE DES PIEDS... BUNCHE SE RÉVEILLE.

UN PEU PLUS TARD :
JE ME MAQUILLE UN PEU ET JE VAIS PARLER AU FURET.
ÇA Y EST, ME VOILÀ MIGNONNE ET IRRÉSISTIBLE !
JE SUIS GLAMOUR !
JE SUIS UNE BUNCHE SEXY
ELLE MURMURE DE SA PLUS DOUCE VOIX.
OH FURET JE PEUX ENTRER S'IL TE PLAÎT ?
JE COMPRENDS QUE TU SOIS FÂCHÉ... MAIS ON POURRAIT EN PARLER, NON ?
OH FURET PARDONNE-MOI, S'IL TE PLAÎT, JE SERAI GENTILLE, JE FERAI TOUT C'QUE TU VEUX.
OUIN OUIN OUIN JE VEUX MOURIR !
JE ME DÉTESTE ! JE SUIS NULLE.
ABRÈGE MES SOUFFRANCES ! OUIN, PHEU, SNIFF !
GLLOH
UNGH UNGH

(1) W.A.C. : Women's Army Corps, branche féminine de l'armée américaine dissoute en 1978.

LE LENDEMAIN MATIN, APRÈS UNE NUIT PLUTÔT AGITÉE...
OH MON CŒUR !
ZZZZZ
AUJOURD'HUI FAUT QUE JE RÉAGISSE ! JE VAIS PARLER AU FURET.
CE N'EST PAS QUE JE LE REJETTE... C'EST JUSTE QU'ON N'Y ARRIVE PAS.
IL SERAIT MIEUX SANS MOI. JE SUIS TROP CRITIQUE AVEC LUI.
AU PETIT-DÉJEUNER :
QUOI, PAS DE BOUILLIE D'AVOINE ?
NON FURET, DÉSOLÉE, ON MANGE FROID AUJOURD'HUI
AH.
FURET, IL FAUT QUE JE TE PARLE, C'EST IMPORTANT.
JE SAIS CE QUE TU VAS DIRE... TU ME TROMPES... HEIN ? C'EST ÇA ???
NON, CE N'EST PAS ÇA, TU ME LAISSES PARLER POUR UNE FOIS ?
EH BIEN, J'AI BEAUCOUP RÉFLÉCHI CES DERNIERS TEMPS AU FAIT QU'ON NE S'ENTEND PLUS ET...
JE SAIS QUE TU CROIS QUE C'EST DE MA FAUTE !
NON, PAS DU TOUT, MAIS JE ME DISAIS QU'ON DEVRAIT PEUT-ÊTRE SE SÉPARER UN MOMENT ET VOIR CE QUI SE PASSE. ÇA POURRAIT ÊTRE UTILE.
D'ACCORD, SUPER ! BONNE IDÉE, JE SERAI RAVI DE ME DÉBARRASSER DE TOI... PARS. JE M'EN FOUS !
ALLEZ FURET, JE SAIS QUE C'EST DIFFICILE. C'EST DUR POUR MOI AUSSI !
TU T'ES BIEN SERVIE DE MOI DEPUIS LE DÉBUT !
POUR QUOI FAIRE ?
SALOPE ÉGOÏSTE !

APRÈS PLUSIEURS SEMAINES DE DISPUTES, LA BUNCHE S'EN VA.
AÏE AÏE AÏE J'ESPÈRE AVOIR PRIS LA BONNE DÉCISION.
ELLE LOUE UNE CHAMBRE.
LA PAUVRETÉ ET LA SOLITUDE SOULAGERONT PEUT-ÊTRE MA CULPABILITÉ... AU MOINS IL A GARDÉ LA TÉLÉ.
EN MÊME TEMPS ÇA ME PLAÎT ICI.
ELLE APPELLE SA MÈRE À NEW YORK.
COMMENT TU AS PU ME FAIRE ÇA? KESKE JE VAIS DIRE À TOUT LE MONDE, MOI??
BEN, EUH, J'SAIS PAS, MAIS ÇA NE VA PAS TERRIBLE POUR MOI TU SAIS!
JE TE HAIS!
LA BUNCHE COMMENCE SON NOUVEAU SEMESTRE À LA FAC.
JE CROIS QUE J'ARRIVE MIEUX À ME CONCENTRER SUR MON ART MAINTENANT.
LE PROF COMMENTE:
QUELLE JOLIE PETITE SÉMITE TYPIQUE...
EH BIEN, C'EST SUPERBE, TRÈS FORT, TRÈS EXPRESSIF
VRAIMENT?
BIEN SÛR, ON DEVRAIT EN PARLER PLUS LONGUEMENT!
CERTES!
DIS DONC, JE DOIS ÊTRE BONNE!
QUEL CUL!!
OUI OUI, NOUS BOIRONS UN VERRE ET DISCUTERONS... RETROUVE-MOI AU TALLY HO!!
D'ACCORD, SI VOUS LE DÎTES.
APRÈS LES COURS, LA BUNCHE ARRIVE SUR SA HONDA 90.
TALLY-HO LOUNGE
COCKTAILS
SON CŒUR BAT DANS LE BAR OBSCUR.
M. McGOON A INTÉRÊT À ÊTRE LÀ.
QUEL DRÔLE DE RADE!
SI JE NE LE VOIS PAS DANS LES 30 SECONDES JE ME TIRE
TRÈS EXISTENTIEL!
YOUPI, ENCORE UN SUPER SEMESTRE QUI S'ANNONCE!
EH, COUCOU
HEIN?
AH SALUT!
SÉDUCTION DE LA JEUNE ARTISTE.

ET LE TEMPS PASSE...
ON NE PARLE JAMAIS D'ART.
MA FEMME NE ME COMPREND PAS COMME TOI.
HEIN ?
DISCUSSION POST-COÏTALE
LA BUNCHE SE MET À BOIRE.
GLG GLG GLG
ART BUILDING
ALLEZ, C'EST L'HEURE DES COURS !
JE ME SENS MAL. JE VAIS BOIRE UNE PETITE BIÈRE AVANT D'Y ALLER.
SON ART DEVIENT DE PLUS EN PLUS BIZARRE.
JE VAIS COLLER CETTE CULOTTE AVEC DE LA VASELINE.
TEXTURE INTÉRESSANTE !
VASELINE
LA BUNCHE DÉCROCHE TOUT DE MÊME SON DIPLÔME DE FAC !
UNIVERSITY OF ARIZONA
JE N'AI ABSOLUMENT RIEN APPRIS !
ET ALORS MAINTENANT ??
LA BUNCHE ERRE DANS LE CENTRE-VILLE.
C'EST QUOI CES BD BIZARRES ?
COMIX
JE VAIS ALLER VOIR.
POSTERS!
BOOKS
BINKY BROWN ?
HÉ BEN C'EST DU LOURD... IL A DES PROBLÈMES CE GARÇON !
A CONFESSION TO MY READER
Once upon a time...
COMME MOI !
LA BUNCHE EST INSPIRÉE !
JE VAIS FAIRE UNE BD COMME ÇA !
COMMENT JE VAIS L'APPELER ?
IL ME FAUT UN PERSONNAGE.
JE SUIS UN PERSONNAGE !
ELLE SE MET DONC AU TRAVAIL.
JE SUIS LA BU-UNCHE !
WOW, MAINTENANT JE PEUX DIRE TOUT CE QUE JE PENSE !
The YOUNG BUNCH
ET ÇA NE SERA PAS PLAISANT !
FIN.

La Bunche et sa famille à Mondo Condo[1]

[1] Condo : condominium, immeuble résidentiel, parfois de luxe, ultra-moderne, prisé par les retraités.
[2] Holushkas : recette de chou farci roulé d'Europe centrale. [3] Bubela : petite chérie en yiddish.

Le climatiseur d'Arnie

* BARG : L'ENTREPRISE D'ARNIE ET SON AMI AARON... SPÉCIALISÉE DANS LES SYSTÈMES D'ALARME ET LES FAÇADES EN ALUMINIUM. BARG C'EST "GRAB" À L'ENVERS. DEVISE DE L'ENTREPRISE : "GRAB YOUR MONEY AND RUN(1)"

(1) "Grab your money and run" : « On prend votre fric et on se taille ! »

MARIÉS EN 47
PREMIER GOSSE EN 48
Blabette
'N'
ARNIE
C'EST GLAUQUE!
TRUCS DE GOSSES
TOUT EST VRAI!
MOTIFS MODERNES ANNÉES 50
STUDEBAKER
LAMPE
TÉLÉ
CENDRIER
© 76 ALINE KOMINSKY
UNE HISTOIRE SUR LES PARENTS DE BUNCHE
Blabette VENAIT D'UNE FAMILLE BIEN LOTIE.
À PLUS TARD MA CHÉRIE!
FAIS UN BISOU À TA MAMAN ET SOIS BIEN SAGE.
GAFFE À TA LANGUE MON ENFANT OU LUSTUCRU VIENDRA TE LA COUPER!
MAIS QUELLE PETITE PESTE!
NAN, J'VEUX PAS!
VOUS AVEZ INTÉRÊT À ME RAMENER UN CADEAU!
ILS AVAIENT MÊME DE L'ARGENT PENDANT LA DÉPRESSION.
LA FAMILLE D'ARNIE ÉTAIT MAL LOTIE. QUAND IL AVAIT 9 ANS, SON PÈRE EST MORT D'UNE APPENDICITE AIGUË.
MAINTENANT QUE TON VIEUX NOUS A QUITTÉS, VA FALLOIR M'AIDER À LA MAISON, PETIT. IL NE NOUS A PAS LAISSÉ GRAND-CHOSE!
OUI MAMAN, T'INQUIÈTE PAS, JE VAIS M'OCCUPER DE NOUS!
ARNIE VENDAIT DES POMMES DANS LA RUE.
ARNIE A REJOINT L'ARMÉE EN 43 ET EST PARTI À L'ÉTRANGER. IL A FAIT LA NOUBA À PARIS.
ALORS LA FRANCE, ARNIE, ÇA TE PLAÎT??
MIEUX QUE BROOKLYN, SÛR!
OUI OUI
C'EST ÇA BÉBÉ!
IL ENVOYAIT DE L'ARGENT À SA MÈRE POUR QU'ELLE LUI METTE DE CÔTÉ.
Blabette SORTAIT AVEC UN GOSSE DE RICHE DONT LE PÈRE ÉTAIT PROPRIÉTAIRE DE "ROCKAWAY PLAYLAND", UN PARC D'ATTRACTIONS.
PLAYLAN
SEYMOUR, PEUX-TU ME RAMENER UN HOT-DOG?
HOT DOGS
BIEN SÛR, Blabette, TOUT CE QUE TU VOUDRAS!

ARNIE RENTRE CHEZ SA MÈRE
MAMAN, J'AIMERAIS RÉCUPÉRER UN PEU DE L'ARGENT DE MA PAIE QUE TU AS MIS DE CÔTÉ.
COMMENT ÇA, DE CÔTÉ, FISTON ? FALLAIT BIEN QUE TA MÈRE VIVE, NON ?
MANTEAU DE VISON
VERROU SUR LE FRIGO.
ALORS ARNIE EST PARTI DE CHEZ LUI.
BLABette COMMENÇAIT À EN AVOIR ASSEZ DE SEYMOUR.
SEYMOUR, POURQUOI TU NE M'EMBRASSES PAS PLUS ?? TU N'AIMES PAS LES FILLES OU QUOI ?
EH BIEN, SI Blabette, MAIS...MAIS...MAIS...
MAIS QUOI, ESPÈCE DE TAPETTE !
ARNIE ET Blabette SE RENCONTRENT À UNE FÊTE À BROOKLYN.
ALORS COMME ÇA TON PÈRE EST PROPRIO D'UNE STATION-SERVICE ET CONCESSIONNAIRE ?
OUI, ET NOUS VIVONS À BELLE HARBOR ET CHAQUE ÉTÉ JE VAIS EN CAMP DE VACANCES ET J'AI UN CHEVAL DANS UNE ÉCURIE À TEANECK, NEW JERSEY ET ON A UNE BONNE QUI S'APPELLE ESTELLE.
EH BIEN, JE POURRAIS TE RENDRE VISITE UN JOUR ?
JE SUPPOSE QUE OUI, SI TU AS ENVIE !
LA SEMAINE SUIVANTE :
BONJOUR MON GARÇON, RAVI D'VOUS RENCONTRER !
SALUT ARNIE, VOICI MON PAPA !
ENCHANTÉ, M'SIEUR ROSENBERG !
EH BIEN ENTREZ, ARNIE !
MERCI M'SIEUR !
FAITES COMME CHEZ VOUS, FISTON
VOUS DEVEZ AVOIR TRÈS FAIM, VOUS PRENDREZ BIEN UNE PART DE GÂTEAU AU CHOCOLAT, DES MACARONS, DES BISCUITS ? ALLEZ, PRENEZ UN P'TIT GOÛTER !
ALORS, Blabette ME DIT QUE VOUS ÊTES UN TRÈS BON MÉCANICIEN !?
VOTRE PÈRE EST DANS QUEL SECTEUR, ARNIE ?

IL FAUT QUE JE LES SÉDUISE ! C'EST LE PLAN DU SIÈCLE...
J'AIMERAIS BIEN LUI APPRENDRE 2-3 TRUCS À CETTE Blabette AUSSI !
EH BIEN VOYEZ-VOUS MON PÈRE EST MORT QUAND J'AVAIS 9 ANS ET J'AI DÛ TRAVAILLER POUR AIDER MA MÈRE ET C'ÉTAIT PAS FACILE !
ET, OUI, JE ME DÉBROUILLE PAS MAL EN MÉCANIQUE... JE M'OCCUPAIS DES MOTEURS PENDANT MON SERVICE, BREF, J'ADORE LES VOITURES.
OH, MON PAUVRE CHOU, GRANDIR SANS PÈRE... ET VOTRE PAUVRE MÈRE... QUELLE TRAGÉDIE !
VOUS SAVEZ, FISTON, J'AURAIS BIEN BESOIN DE QUELQU'UN DE RESPONSABLE DANS MON ENTREPRISE !
C'EST SI ROMANTIQUE
OH JE NE VEUX PAS QUE VOUS AYEZ PITIÉ DE MOI, M. ET MME ROSENBERG !
ARNIE ET Blabette SE FIANCENT.
J'ESPÈRE QUE J'FAIS PAS UNE BÊTISE.
HEU, Blabette HEU, VEUX-TU M'ÉPOUSER ?
OH, ARNIE, JE PENSAIS QUE TU M'DEMANDERAIS JAMAIS ! BIEN SÛR QUE OUI, C'EST TOUT VU, TU TRAVAILLERAS AVEC PAPA !
OH, J'AI HÂTE DE LE DIRE À TOUTES LES COPINES ! JE SUIS LA PLUS JEUNE À ME FIANCER !
ALORS, OÙ EST LA BAGUE ?
OH, J'ÉTAIS SI STRESSÉ QUE J'AI FAILLI OUBLIER... TIENS, Blabette, VOICI L'ALLIANCE DE MA GRAND-MÈRE !
ELLE EST SI PETITE ET VIEILLE ARNIE, MOI J'EN VOULAIS UNE GROSSE NEUVE !
MAIS JE PENSAIS QU'ELLE TE PLAIRAIT, ET J'AI PAS LES MOYENS DE T'EN PAYER UNE NEUVE !
MAIS ARNIE, J'EN VEUX UNE ! MON PÈRE TE DONNERA L'ARGENT POUR ME L'ACHETER !
J'SAIS PAS TROP, Blabette !
OUIN, OUIN, TU NE M'AIMES PAS, TU VEUX PAS QUE JE SOIS HEUREUSE !
OK, OK ARRÊTE DE PLEURER, JE PARLERAI À TON PÈRE, C'EST BON.

(1) Such naches : expression yiddish qui exprime la fierté qu'on a de ses enfants.

ARNIE GRAVIT LES ÉCHELONS
JOE N'ARN
ALLEZ, SIGNEZ, LES PIGEONS !
ET MAINTENANT LES AMIS, SI VOUS REMPLISSEZ LES POINTILLÉS VOUS POURREZ REPARTIR AVEC CETTE FABULEUSE MACHINE !!
CONTRAT
MADAME B. CE MODÈLE DE LUXE VOUS IRA COMME UN GANT !
BELLE ARNAQUE ARNIE, J'SUIS FIER DE TOI FISTON, T'ES BIEN ARMÉ POUR RÉUSSIR DANS CE BUSINESS !
TU CROIS, JOE ?
OUAIS, TU LES AS BIEN ROULÉS, COMME PRÉVU !
BLABETTE, JE SUIS RENTRÉ !
ARNIE, CHUT, LA BUNCHE DORT !
ON MANGE DU "MEATLOAF" (PAIN DE VIANDE).
AH, DU MEATLOAF ??
MAIS BLABETTE, CHÉRIE, ÇA PUE LE CACA DANS TOUTE LA MAISON !
COMMENT ÇA ARNIE, JE VIENS JUSTE DE CHANGER LA COUCHE DE LA BUNCHE !
JE VAIS ALLER LA VOIR.
OUAIS, OUAIS, C'EST ÇA, JE DOIS FINIR DE PRÉPARER LE DÎNER, MOI, BON SANG !
ARNIE ! ARNIE !
REGARDE BLABETTE !
PREMIÈRES CRÉATIONS ARTISTIQUES DE LA BUNCHE.
ELLE DIT MON NOM, C'EST CHOU !
BEURK ARNIE, JE N'EN PEUX PLUS, JE VAIS VOMIR ! JE NE PEUX PAS TOUCHER LA MERDE !! JE PEUX PAS !!
ARNIIIIIE, CE BÉBÉ FAIT EXPRÈS DE ME TORTURER !

PLUS TARD DANS LA NUIT :
ALORS, COMMENT S'EST PASSÉE TA JOURNÉE DE P'TITE MÉNAGÈRE ??
ATTENDS UN PEU, BLABETTE...
AH TU VEUX DIRE, À PART LA PEINTURE À LA MERDE DE BUNCHE ? VOYONS VOIR... J'AI TRAÎNÉ 3 SACS DE LESSIVE SALE AU LAVOMATIC AVEC LE BÉBÉ, PUIS TOUT RAMENÉ À LA MAISON. PUIS JE SUIS ALLÉE FAIRE LES COURSES ET J'AI TRIMBALLÉ LES SACS SUR 2 ÉTAGES, PUIS J'AI NETTOYÉ LES SOLS À QUATRE PATTES... ENSUITE J'AI RÂLÉ AU TÉLÉPHONE AVEC LA BELLE-MÈRE... PUIS....
TU SAIS, J'AI PAS MAL RÉFLÉCHI, ET TU SAIS, ÇA SE PASSE TRÈS BIEN AU BOULOT POUR MOI, ALORS J'ME DEMANDAIS SI ÇA TE PLAIRAIT QU'ON S'ACHÈTE UNE PETITE MAISON.
OH ARNIE, POUR DE VRAI ?? JE RÊVE DE QUITTER CET APPARTEMENT, ET D'AVOIR UNE MAISON DE RÊVE RIEN QU'À MOI !
PLUSIEURS SEMAINES PLUS TARD :
OH MAMAN, IL FAUT QUE JE CONVAINQUE ARNIE D'ACHETER CETTE MAISON, MÊME SI ELLE EST CHÈRE !
ELLE A BEAUCOUP DE CHARME !
C'EST UN QUARTIER TRÈS CHIC, CHÉRIE.
JE SAIS, TOUT LE MONDE SERA IMPRESSIONNÉ SI ON HABITE ICI !
À LA MAISON :
BLABETTE, BIEN SÛR QUE JE VEUX QUE TU SOIS HEUREUSE, BIEN SÛR QUE JE VEUX LES MEILLEURES ÉCOLES POUR LA BUNCHE... MAIS... MAIS...
MAIS QUOI, ARNIE ?? L'ARGENT ?? TU N'AS AUCUNE CONFIANCE EN TOI ? MOI, OUI, ARNIE, JE SAIS QUE TU RÉUSSIRAIS SI TU LE VOULAIS VRAIMENT... MÊME MON PÈRE LE DIT !
T'AS RAISON CHÉRIE, JE DOIS ÊTRE SÛR DE MOI, ET PEUT-ÊTRE QUE CETTE NOUVELLE MAISON ME RENDRA FIER !
BLABETTE A LE DERNIER MOT :
OH MON DIEU C'EST TELLEMENT MODERNE, J'ADORE, J'ADORE !
ÇA SE NETTOIE COMME RIEN !
LA BUNCHE ADORE SA NOUVELLE MAISON, N'EST-CE PAS ?
ET MOI ÇA ME PLAÎT D'AVOIR UNE VRAIE CHEMINÉE !
MAIS ÇA FAIT UN TEL BAZAR, ARNIE !
LA PETITE FAMILLE COMMENCE SA NOUVELLE VIE.

[1] Oy vey is mir : affliction, plainte en yiddish.

(1) Kike : youpin.

MAINTENANT QUE TU ES PAR TERRE, JE VAIS TE BAISER, SALOPE... ET FERME TA GUEULE !
NON, NON, PITIÉ, ARNIE, J'VEUX PAS !
DOMMAGE !
NON, NON, ARRÊTE ARNIE, TU ME TUES !
T'AIMES ÇA SALOPE, HEH HEH !
PENDANT CE TEMPS:
VOYONS COMMENT VA LA PETITE BUNCHE!
BAH, J'ENTENDS MES PARENTS FAIRE "ÇA", COMME ME L'A DIT PETER WOLF !
ET IL AVAIT RAISON, MA MÈRE DÉTESTE PARCE QUE ÇA FAIT MAL AUX FILLES MAIS LES HOMMES AIMENT ÇA !
JE SAIS QUE JE NE LE FERAI PAS, PASSQUE JE SERAI MÉDECIN, J'SERAI PAS OBLIGÉE.
IL FAUT QUE JE CONTINUE À ÊTRE LA PLUS FORTE DE MA CLASSE, SINON JE FINIRAI COMME MA MÈRE, GROSSE, MOCHE ET AVEC UN MARI DÉGUEULASSE, BEURK !
L'ÉCOLE COMMENCE DANS SEULEMENT 3H, JE VAIS ME PRÉPARER TOUT DE SUITE COMME ÇA JE NE SERAI PAS EN RETARD !!
JE VAIS RESTER ALLONGÉE COMME ÇA JUSQU'À 7H POUR NE PAS FROISSER MA TENUE, ET JE SERAI TOUTE PRÊTE !!

MAIS LA BUNCHE SE FAIT ATTRAPER :
MAIS T'ES PAS BIEN ? DORMIR TOUT HABILLÉE, T'ES FOLLE ? IL EST 4H DU MATIN !
DÉSHABILLE-TOI ET VA TE RECOUCHER !
MAIS J'AI PEUR D'ÊTRE EN RETARD LE MATIN MAMAN !
SEIGNEUR, QUELLE BANDE DE TARÉS !
CE MATIN-LÀ :
POURQUOI TU NE MANGES PAS TES CÉRÉALES, AKKIE ?
J'AI PAS FAIM, BUNCHE.
J'AI MAL AU VENTRE
COCOA PUFFS
LA BUNCHE PRÉPARE SON DÉJEUNER :
IL NE RESTE QUE DES VIEUX CROÛTONS ET DU VIEUX SAUCISSON !
ET UNE BANANE POURRIE
UN PEU PLUS TARD :
OUI BUNCHE, DONNE LA BONNE RÉPONSE À LA CLASSE !
JE SAIS JE SAIS MOI MOI MOI
LA MÊME SEMAINE, BLABETTE SE REND À UNE RÉUNION PARENTS-PROFS.
OH MADAME GOLDSMITH, BUNCHE EST MA MEILLEURE ÉLÈVE... J'ESPÈRE AVOIR UNE ENFANT AUSSI MERVEILLEUSE UN JOUR... JE NE SAIS PAS COMMENT VOUS AVEZ FAIT, VOUS DEVEZ ÊTRE UNE MÈRE FORMIDABLE !
EH BIEN, MERCI MA CHÈRE... LE PÈRE DE BUNCHE SERA HEUREUX DE L'ENTENDRE !
CE SOIR-LÀ :
COMMENT J'AI PU FAIRE UN PETIT GÉNIE.
ENFIN UN PEU DE RECONNAISSANCE POUR TOUS MES EFFORTS !
ON DIRAIT QUE MA PROF A DIT DES BONNES CHOSES SUR MOI... MAIS QU'ILS ARRÊTENT DE ME FIXER COMME ÇA !!
PITOYABLES ABRUTIS D'APRÈS-GUERRE !

* LA BUNCHE RESSENT ENCORE LES CHOSES COMME ÇA, C'EST UN CAS CLASSIQUE DE REFUS DE GRANDIR !

APRÈS LA PREMIÈRE SEMAINE DE TRAVAIL D'ARNIE.
EH BIEN BLABETTE, VOILÀ MA PREMIÈRE PAYE, PAS MAL HEIN ?
OH ARNIE, 500$ POUR UNE SEMAINE DE TRAVAIL, C'EST FABULEUX !
OH, MAIS SI ÇA CONTINUE COMME ÇA, ON POURRA CONSTRUIRE CETTE CHAMBRE EN PLUS ET UNE SALLE DE BAINS AUSSI !
OUAIS, MAIS AVANT JE M'ACHÈTE UNE NOUVELLE VOITURE !
EH BIEN ON FERA LES DEUX, ARNIE, ON FERA UN PRÊT À LA BANQUE ET ON LES REMBOURSERA CHAQUE MOIS !
LES SEMAINES QUI SUIVENT, ARNIE CONTINUE À FAIRE DE MIEUX EN MIEUX ET UN JOUR :
BLABETTE, JE SUIS RENTRÉ !
VOILÀ, J'ARRIVE, J'ARRIVE, GRANDS DIEUX !
TUUT ! TUUT !
ARNIE, C'EST UNE TRÈS BELLE VOITURE. TRÈS SPORTIVE !!
JE T'EMMÈNE FAIRE UN TOUR ?
NON PAS MAINTENANT JE VIENS DE FAIRE MA MISE EN PLIS !
BON, BEN ON N'A QU'À S'ASSEOIR DANS LA VOITURE ALORS !
ARNIE, CHÉRI, TU TE SOUVIENS, TU AVAIS DIT QU'ON POURRAIT AJOUTER UNE CHAMBRE À LA MAISON DÈS QU'ON AURAIT LES MOYENS ?
OUI, JE ME SOUVIENS BLABETTE, ET ON VA Y ARRIVER À L'AISE !
OH ARNIE, VRAIMENT ? ON POURRA FAIRE UN EMPRUNT IMMOBILIER À LA BANQUE ?
BIEN SÛR CHÉRIE !
ET VOILÀ L'HEUREUX FOYER QUI S'AGRANDIT.
OH ARNIE, C'EST TELLEMENT MODERNE, C'EST SUPERBE !
HEUREUSE, CHÉRIE ?
JE SUIS AUX ANGES !

(1) Grab : empoigner, saisir, attraper en anglais.

(1) EST & TM : sectes de méditation transcendantale et développement personnel des années 70.

PLUSIEURS MOIS PLUS TARD :
TIENS MA CHÈRE, LAISSE-MOI TE VAPORISER NOTRE NOUVELLE FRAGRANCE DE LA SEMAINE... "BEAURIVAGE" !!
OH, ÇA SENT BON BLABETTE !
C'EST EXQUIS, J'TE DIS !
BONANZA
IL S'AVÈRE QUE BLABETTE EST UNE EXCELLENTE VENDEUSE.
ARNIE, REGARDE, J'AI GAGNÉ LA COUPE DE MEILLEURE VENDEUSE DU MOIS !
C'EST PLAQUÉ ARGENT !
AH, CES RADINS ! ILS SE FONT UNE FORTUNE SUR TON DOS !
BLABETTE TROUVE UN MEILLEUR TRAVAIL EN TANT QUE VENDEUSE DE PUBLICITÉS POUR LES PAGES JAUNES DE L'ANNUAIRE.
BONJOUR Mme BISHNARF, JE SUIS BLABETTE, VOTRE REPRÉSENTANTE, ET J'AIMERAIS VOUS AIDER À GAGNER PLUS D'ARGENT !!
BLABETTE
BLABETTE A SON PROPRE BUREAU.
PENDANT CE TEMPS LES CHOSES SE GÂTENT POUR ARNIE !!
BARG
ARG, ESPÈCE DE SALE... PUTAIN... FILS DE... !!!
ANNULER COMME ÇA CETTE SUPER PROMO PORTE DE GARAGE/SYSTÈME D'ALARME/INCENDIE !
BAM
BLABETTE COMMENCE À RAMENER DU FRIC !
WOW, ARNIE, REGARDE MON SALAIRE... JE PEUX M'ACHETER UNE NOUVELLE GARDE-ROBE, M'INSCRIRE À UN COURS DE FITNESS ET ENVOYER LES ENFANTS EN COLONIE DE VACANCES !
OUAIS, OUAIS, MERVEILLEUX, BLABETTE, JE ME RÉJOUIS POUR TOI !
TU PARLES, TU ES JALOUX DE MON SUCCÈS... MAIS JE M'EN FICHE !
ÉCOUTE, ARNIE, JE VOULAIS T'EN PARLER ; MA BOÎTE CHERCHE DES VENDEURS, POURQUOI TU NE POSTULERAIS PAS ??? TU N'AS JAMAIS BIEN GAGNÉ TA VIE À BARG ET TU LE SAIS ! POURQUOI J'AI DÛ COMMENCER À TRAVAILLER, À TON AVIS ?? TU POURRAIS AVOIR UN BOULOT STABLE ET ON VIVRAIT COMME DES ÊTRES HUMAINS !

ARNIE DÉCROCHE L'EMPLOI
CES TRUCS SE VENDENT TOUT SEULS... PAS BESOIN DE TALENT !
B'JOUR MME SHAPIRO, JE SUIS ARNIE, VOTRE REPRÉSENTANT. JE VAIS VOUS EXPLIQUER COMMENT GAGNER UN PACTOLE TRÈS VITE !
ARNOLD
ARNIE A SON PROPRE BUREAU.
ARNIE ET BLABETTE COMMENCENT À AVOIR DE L'ARGENT
OH ARNIE ON PEUT AGRANDIR LA MAISON ET AVOIR DEUX SALLES DE BAINS !
OUAIS, MOI JE PENSAIS PLUTÔT À UN YACHT DE 48 PIEDS !
LES RÊVES BOURGEOIS SE RÉALISENT !
AARON, LE COPAIN D'ARNIE, TROUVE UNE NOUVELLE COMBINE.
EH ARNIE, ALLEZ, CES FAÇADES EN ALU C'EST LE PANARD, JE M'EN METS PLEIN LES FOUILLES, ALLEZ, JE CHERCHE UN ASSOCIÉ, MON PETIT ARNIE !!
NAN AARON, BLABETTE PÉTERAIT UN PLOMB... JE FERAIS MIEUX DE GARDER MON TRAVAIL ACTUEL, IL EST FACILE !
ARNIE DOIT TRAVAILLER AVEC UN NOIR DANS SA NOUVELLE BOÎTE.
IL A LE MÊME BOULOT DE MERDE QUE MOI, CE SALE...
VIC, FAUT ADMETTRE QUE VOUS ÊTES DIFFÉRENTS DE NOUS... MAIS SI ! VOUS AVEZ LE RYTHME DANS LA PEAU ET TOUT, UN CERVEAU DIFFÉRENT...
ARNIE, T'ES UN RÉAC' IRRÉCUPÉRABLE, TU LE SAIS ? T'ES PATHÉTIQUE, MAIS JE TE SUPPORTE PARCE QUE J'AIME BIEN BLABETTE, ELLE EST SYMPA !!
GRR ! GRR !
GRR ! GRR !
D'ACCORD, ÇA VA, NE TE VEXE PAS !
BLABETTE ET ARNIE PARTENT EN VACANCES À MIAMI... POUR LA PREMIÈRE FOIS DEPUIS LEUR LUNE DE MIEL...
OH ARNIE, PRENDS-MOI EN PHOTO DEVANT L'HÔTEL
D'ACCORD BLABETTE !
ON S'AMUSE BIEN, NON ?
SI BLABETTE, C'EST VRAIMENT SENSASS !
LES ENFANTS SONT ENVOYÉS EN PENSION POUR QUE BLABETTE ET ARNIE AIENT LA PAIX !
MIAAAM, C'EST DÉLICIEUX, N'EST-CE PAS ARNIE, HEIN ? HEIN ? HEIN ?
OUAIS OUAIS !!

DEUX ANS PLUS TARD :
MT. ZION HOSPITAL
AARON, MON VIEIL AMI, JE NE SORTIRAI JAMAIS VIVANT D'ICI !
MAIS ARRÊTE ARNIE, NE SOIS PAS RIDICULE, TU VAS T'EN SORTIR...
MAIS ARNIE AVAIT RAISON . . . .
UNE SEMAINE PLUS TARD ARNIE MEURT D'UN CANCER.
MON MEILLEUR POTE ARNIE, SON PYJAMA, UN HOMME TELLEMENT JEUNE, AH MON DIEU !
AARON DOIT RÉCUPÉRER LES AFFAIRES D'ARNIE À L'HÔPITAL !
LA BUNCHE DOIT ANNONCER LA NOUVELLE À UN AKKIE QUI NE SE DOUTE DE RIEN.
ÉCOLE DE CANCRES
OAK ACADEMY
AKKIE, FAUT QUE JE TE DISE QUELQUE CHOSE DE DIFFICILE... NOTRE PÈRE EST MORT DU CANCER CE MATIN !!
MAIS JE NE SAVAIS MÊME PAS QU'IL ÉTAIT MALADE, BUNCHE... ÇA FAIT SIX MOIS QUE JE NE L'AVAIS PAS VU... PERSONNE M'A RIEN DIT !
À L'ENTERREMENT, LA MÈRE D'ARNIE SE JETTE SUR SA TOMBE
MON BÉBÉ, MON BÉBÉ EST PARTI... LAISSEZ-MOI PARTIR
ELLE N'A JAMAIS ÉTÉ GENTILLE AVEC LUI !
BLABETTE EST SOUS CALMANTS ET AKKIE, BUNCHE ET BLABETTE PARTENT À MIAMI...
POURQUOI JE NE RESSENS RIEN ?
SUIS-JE SAOULE ?
JE SUIS MAUVAIS, JE N'AIMAIS PAS MON PÈRE !
ILS SONT CENSÉS OUBLIER LEUR CHAGRIN AU SOLEIL !
DES MOIS PLUS TARD : LA BUNCHE S'EST MARIÉE POUR S'ÉCHAPPER, AKKIE S'EST EMBARQUÉ DANS UNE VIE DE DROGUES ET DE CRIMES, ET BLABETTE EST DÉSORMAIS UNE FEMME CÉLIBATAIRE DE 39 ANS QUI TRAVAILLE !
JE N'AI PLUS QUE MOI-MÊME !
BLABETTE

Le meilleur client de Blabette

(1) Diane von Fürstenberg, avec l'accent de New York.

(1) Fat Freddy est un personnage de Gilbert Shelton, pas de Robert Crumb !

BLABETTE ENTRE EN SCÈNE :
C'EST VRAIMENT QUELQUE CHOSE, N'EST-CE PAS ? CE MEC VA ALLER LOIN, C'EST SÛR...
J'AI LE MEILLEUR BOULOT DU MONDE, HEIN ?
OUI, C'EST VRAI !
OUI, MAIS...
MAIS QUOI ??
EH BIEN, MES VALEURS SONT DIFFÉRENTES, C'EST TOUT, JE N'Y PEUX RIEN... JE NE VOUDRAIS PAS VIVRE COMME ÇA, MOI !
BEN POURQUOI PAS... ÇA TE PLAIRAIT... T'AIMES BIEN ACHETER DES CHAUSSURES HORS DE PRIX... JE TE CONNAIS... TU SAIS PAS DE QUOI TU PARLES !
JE SAIS ! JE PENSE ?
C'EST VRAI, J'AIME BIEN LES CHAUSSURES CHÈRES... MAIS ROBERT ME LAISSE LES ACHETER !
ET ALORS !
SI TU N'ÉTAIS PAS DÉJÀ MARIÉE, JE POURRAIS T'ARRANGER LE COUP AVEC RICK ET TU AURAIS TOUT CE QUE TU VOUDRAIS !
J'SAIS PAS... QUEL DOMMAGE QUE TU SOIS IMPLIQUÉE DANS CES TRUCS HIPPIES, LÀ... ÇA S'EST MAL GOUPILLÉ, C'EST TOUT... TU SAIS, LA FILLE DE MON AMIE MARILYN A ÉPOUSÉ UN FABRICANT DE PULL-OVERS... ILS SONT EXTRAS... ILS VIENNENT D'ACHETER UNE SUPERBE MAISON À LAWRENCE !!
EH BEN EXCUSE-MOI DE VIVRE ! C'EST PAS MA FAUTE SI JE DÉTESTE LÀ OÙ J'AI GRANDI, SI J'ÉTAIS MALHEUREUSE À LONG ISLAND, ET LÀ JE SUIS BIEN CONTENTE D'AVOIR VÉCU PLEIN DE CHANGEMENTS BIZARRES... ÇA M'A FAIT VRAIMENT DU BIEN... ET JE VAIS TRÈS BIEN MAINTENANT ALORS TU ME LÂCHES, D'ACCORD !!?
HEUREUSEMENT QUE JE NE SUIS PAS MARIÉE À RICK SNITNARF !
DU CALME, DU CALME, VEUX-TU ?? T'ES TELLEMENT STRESSÉE... SUSCEPTIBLE... POUR L'AMOUR DE DIEU, JE DISAIS ÇA COMME ÇA. ON NE PEUT PAS PARLER TRANQUILLEMENT ??
SNITNARF RAPPLIQUE
ALORS, BUNCHE, CHÉRIE, QU'EST-CE QUE TU FAIS APRÈS ?
AH, JE VAIS EN VILLE, JE VAIS CHEZ UN AMI À WAVERLY PLACE.
ELLE VA CHEZ UN AMI DE ROBERT, C'EST UN MILLIONNAIRE, IL VIT DANS UNE MAISON EN CENTRE-VILLE !!

TU N'AS QU'À RESTER ENCORE UN PEU ET APRÈS NOTRE LIMOUSINE TE RAMÈNERA EN VILLE !
BEN, C'EST TRÈS GENTIL DE PROPOSER ÇA RICK... MAIS FAUT VRAIMENT QUE J'Y AILLE... ET...
RICK, ATTENDS UNE MINUTE, AVANT QUE J'OUBLIE, VEUX-TU BIEN SIGNER CES CONTRATS, STP, ALLEZ... TU M'AS PROMIS D'ÊTRE SAGE...
OUI, OUI, BLABETTE, D'ACCORD !
DONNE, JE SIGNE, JE SIGNE !
SUPER, CHÉRI !
MERVEILLEUX, RICK, MERVEILLEUX, JE T'ADORE !
J'ESPÈRE QUE TU M'ADORES... PARCE QUE ÇA ME COÛTE UN BRAS !
MAIS ÇA VAUT LE COUP, TU LE SAIS, TU VAS FAIRE FORTUNE AVEC CES PUBS !
BON... EH BIEN... CE FUT TRÈS AGRÉABLE... MERCI POUR TOUT...
ATTENDS, NE FILE PAS SI VITE !
OUI, DONNE-MOI AU MOINS TON ADRESSE EN CALIFORNIE POUR VENIR VOUS RENDRE VISITE, À ROBERT ET TOI !
TU M'APPELLES BIENTÔT CHÉRIE, HEIN ?
OUI, DANS QUELQUES JOURS !
BLABETTE VOUS DONNERA MON ADRESSE, OK RICK ?
EST-CE QUE J'AI DIT UNE CONNERIE ?
NAN !
DISCOUNT !
SNITNARF
AU REVOIR, À BIENTÔT... DÉSOLÉE DE FILER SI VITE...
MA SANTÉ MENTALE !
QUELQUES MINUTES PLUS TARD :
TELLEMENT PAISIBLE, CE MÉTRO !!

VOUS ALLEZ VOUS ENVOLER AVEC UNE CRÉATURE PROFONDÉMENT ANXIEUSE ET PEUREUSE
Up In The Air with the Bunch
ELLE DÉTESTE VRAIMENT QUITTER LE SOL
MON DIEU... FAITES QUE JE RESTE DANS LE CIEL!!!
FASTOCH'
FACILE À DIRE!
PAS PEUR DE MOURIR!
JE SUIS ENFERMÉE LÀ-DEDANS... IL N'Y A PLUS D'ISSUE... JE SUIS À LA MERCI D'IDIOTS + D'ORDINATEURS.
© 1980 Aline KOMINSKY-CRUMB...
JE SAIS, IL Y A DÉJÀ EU UN LIVRE SUR CE THÈME ÉCRIT PAR UNE FEMME JUIVE... MAIS TANT PIS... JE NE PEUX PAS TOUJOURS ME SOUCIER D'ÊTRE ORIGINALE EN PERMANENCE!
BIENTÔT JE ME BALADERAI À ACAPULCO AVEC CE PETIT HAUT! J'AI HÂTE!!
CES VACANCES SANS MON MARI VONT ÊTRE L'ÉCLATE!
OUI, ERNA, CHÉRIE, JE SUIS PRÊTE À PARTIR!
J'AI MON BILLET, J'AI MON PASSEPORT
J'AI ÉCONOMISÉ EN DONNANT DES COURS DE GYM!
ET JE N'AI PAS DU TOUT PEUR DE L'AVION!
C'EST GÉNIAL, NON??
AH, C'EST UN DC-10... BAH TANT PIS!!
MAIS PLUSIEURS JOURS PLUS TARD...
ROBERT, ROBERT, J'AI FAIT UN CAUCHEMAR!
KESKYA BUNCHE?
J'AI RÊVÉ QUE J'ÉTAIS DANS UN ACCIDENT D'AVION... JE N'ÉTAIS PAS MORTE, MAIS L'AVION PRENAIT FEU ET J'ESSAYAIS DE SORTIR MAIS TOUT LE MONDE HURLAIT... Y AVAIT PLEIN DE MORTS ET...
TU DIS QU'ON VA TOUS MOURIR DU CANCER DE TOUTE FAÇON... ALORS, BON, PEU IMPORTE! ALLEZ, DORS, ESPÈCE D'ANGOISSÉE!!
TU SAIS, JE NE MÉRITE PAS VRAIMENT CES VACANCES... JE NE TRAVAILLE PAS SI DUR... MA VIE CE SONT DES VACANCES PERMANENTES... JE VAIS RESTER À LA MAISON TRAVAILLER...
JE VAIS APPELER ERNA ET LUI DIRE... ELLE SERA DÉÇUE MAIS ELLE COMPRENDRA.
MIAMI BEACH FLA.

JE L'AI DIT À ERNA ET ELLE A PENSÉ QUE JE FAISAIS UNE CRISE D'ANGOISSE... ALORS ELLE ET MON AMIE PHYLLIS SONT VENUES ME RÉCONFORTER...
ALINE, FAUT QUE TU VIENNES, ON VA SE RÉGALER LÀ-BAS!!
J'AIMERAIS VRAIMENT VOUS ACCOMPAGNER!
J'SAIS MÊME PAS SI TU POURRAIS TE FAIRE REMBOURSER!
J'ADORE OAXACA
ET ON NE VA PAS S'ÉCRASER EN AVION... JE N'EMMÈNERAIS PAS ERNA JUNIOR SI C'ÉTAIT DANGEREUX!
ILS FONT DES POTERIES MAGNIFIQUES LÀ-BAS!
TU NE PENSES PAS QU'ELLE DEVRAIT VENIR, ROBERT?
MA VIE EST TROP FACILE... C'EST POUR ÇA QUE JE DEVIENS FOLLE... C'EST MON KARMA QUI ME RATTRAPE... JE NE PEUX PAS M'AMUSER... JE DOIS ÊTRE PUNIE!!
VILAINE
FLASH BACK!
OUI, JE SAIS MAIS JE NE LE SENS PAS
JE PERDS LA BOULE
OH, SI SEULEMENT J'AVAIS UNE COPIE EN MEILLEUR ÉTAT DE CE DISQUE!
NOTE AU LECTEUR: VEUILLEZ EXCUSER MON GRATTAGE VULGAIRE... ÇA FAIT UN AN QUE JE N'AVAIS PAS DESSINÉ!
PETIT APARTÉ POUR VOUS PLONGER PLUS PROFONDÉMENT DANS LA PSYCHOLOGIE DE LA BUNCHE.........
IL Y A DE MULTIPLES RAISONS QUI FONT QUE JE ME DÉTESTE!
CICATRICE
L'ARRIÈRE DE MON CRÂNE EST PLAT... SIGNE DE TENDANCES PSYCHOPATHES
MA PERSONNALITÉ EST COMME DU VOMI... JE N'ARRIVE PAS À LA CONTENIR!
J'AI UNE TRÈS GRANDE GUEULE!
JE SUIS TRÈS VANITEUSE... J'AI DE L'ACNÉ!
TATOUAGE HIDEUX + NEUNEU
JE N'AI JAMAIS RIEN DE BON À DIRE SUR LES GENS.
JE SUIS FAINÉANTE + MORALISATRICE.
JE VIEILLIS À VUE D'ŒIL!
C'EST LA FAUTE À BLABETTE.
JE ME METS TROP AU SOLEIL
MIS MES CHEVEUX →
EN PLUS, JE SUIS ALCOOLIQUE.
EH OUI, J'HABITE DANS UNE RÉGION VITICOLE.
C'EST LA FAUTE AU VIN ET AU FROMAGE!
UN VERRE ET JE M'ARRÊTE PLUS!
VIN PAS CHER
SEBASTIANO CHABLIS
HUSKIE
13
J'EN AI TELLEMENT MARRE DE MON CARACTÈRE... JE NE SAIS PAS COMMENT JE VAIS SUPPORTER ÇA EN VIEILLISSANT... SI ÇA SE TROUVE J'EN SUIS QU'À LA MOITIÉ...
CONNASSE
STUPIDE
IDIOTE
STUPIDE
CONNASSE
CONNASSE
ON NE SE SUPPORTE PAS!
QUELLE ÉVOLUTION REPOUSSANTE!

LA VOIX INTÉRIEURE HURLE...
LE CHARME DE MA PETITE VIE PROVOQUE UN DILEMME MORAL DANS MA PAUVRE PETITE ÂME...
MAIS J'AIME TELLEMENT MES POTERIES MEXICAINES + MES POUPÉES + MES JOUETS
JE N'VAIS PAS TE JETER À LA POUBELLE, POUPETTE?!
BOTTES DE COWBOY HORS DE PRIX.
FAUT SE DÉTENDRE, BON SANG !
JE SAIS, JE DEVRAIS ALLER VIVRE SEULE DANS UNE CHAMBRE D'HÔTEL + FAIRE LA MANCHE COMME LE FRÈRE DE ROBERT...
IMAGINEZ-MOI...
PATHÉTIQUE
TROUVE UN BOULOT !
PERSONNE N'AURAIT DE COMPASSION ENVERS MOI... ILS ME HAÏRAIENT.
MES JAMBES SONT TROP ÉPAISSES... PEUX PAS M'ASSEOIR EN LOTUS.
VIE DE LA JUIVE
POURQUOI TU NE VIENS PAS VOIR TA MAMIE, JE SUIS TRÈS SEULE.
J'AIMERAIS BIEN, MAIS...
CULPABILITÉ
BOUFFE, CADILLACS, APPARTS DE LUXE
CRIER
GROSSE
MON MANTRA C'EST D'LA MERDE !
MORT
CETTE PARCELLE VIDE QUI M'ATTEND À LONG ISLAND.
JE M'EN FICHE DE VIVRE OU DE MOURIR, POURQUOI J'AI PEUR EN AVION ?? CE SERAIT RAPIDE ET SANS DOULEUR !
NAN, SVP, PAS MOI !
C'EST TROP LENT !
MA VITALITÉ ME POUSSE À SURVIVRE ET SOUFFRIR PLUS LONGTEMPS !
JE SERAI FORTE !
EN PROIE À L'HYSTÉRIE TOTALE ! ! !

REVENONS AUX DÉTAILS BANALS DE MON HISTOIRE... JE NE SUIS PAS ALLÉE AU MEXIQUE... À LA PLACE, LE TÉLÉPHONE A SONNÉ.....
JE SAVAIS QUE JE NE PARTIRAIS PAS EN VACANCES.
OH NON, PAPI, IL EST MORT, C'EST PAS POSSIBLE, JE L'AI VU Y A PAS LONGTEMPS... IL AVAIT BONNE MINE. BON, J'ARRIVE DEMAIN.
AMERICA FREE
PAUVRE BÊTE !
TU VAS DEVOIR PRENDRE L'AVION POUR NEW YORK. HEIN ?
PHYLLIS ET ROBERT M'ONT EMMENÉE À L'AÉROPORT...
PEUT-ÊTRE QUE LA BUNCHE A UNE PRÉMONITION ...
T'INQUIÈTE PAS, TU NE VAS PAS MOURIR TOUT DE SUITE !
OUI MADEMOISELLE, VOTRE DC-10 VA EMBARQUER DANS 1H, PORTE 45B
OH NON, C'EST PAS VRAI, PAS UN DC-10...
CES GENS ONT L'AIR HEUREUX.
ON DIRAIT LA PORTE DES CHAMBRES À GAZ !
ILS ONT BÊTEMENT CONFIANCE, CES IGNORANTS...
QU'EST-CE QUI NE VA PAS, CHEZ EUX ??
EH BEN MERDE, PAS MOI !!
SALUT ÇA VA ?
ELLE NE VA PAS BIEN, ELLE !
KESKI LUI ARRIVE ?
MAMAN, LA DAME FAIT DES DRÔLES DE BRUITS !
ELLE EST FOLLE, C'EST TOUT.
Hiiiiiiii iiiiiiiiiii
ASSIEDS-TOI, T'OCCUPE PAS D'ELLE !
CES JUIVES ANGOISSÉES SONT SEXY !
VOUS VOULEZ DE LA COMPAGNIE ?
IL EST TELLEMENT WASP... MIGNON...
OUAIS, POURQUOI PAS, SI MA CRISE D'ANGOISSE NE VOUS DÉRANGE PAS !
VOUS AVEZ L'AIR INQUIÈTE !
NON, ÇA VA... J'SUIS PSY, ON PEUT EN PARLER...
OH, JE DOUTE QUE VOUS PUISSIEZ M'AIDER... MAIS ASSEYEZ-VOUS...
UN PEU PLUS TARD :
REPRENDS DU VIN... TU TE SENTIRAS MIEUX...
MON ANGOISSE A BAISSÉ UN PEU... MERCI D'ÊTRE VENU T'ASSEOIR À CÔTÉ DE MOI...
C'EST VRAI QUE TU AVAIS L'AIR TERRORISÉE... MAIS C'ÉTAIT CHOU...
TU AS L'AIR TROP SÛR DE TOI POUR MOURIR DANS UN CRASH D'AVION... ÇA ME SOULAGE UN PEU.
PARLONS-EN DE CETTE PEUR....

JE NE SUPPORTE PAS DE METTRE MA VIE ENTRE LES MAINS DE QUELQU'UN D'AUTRE... J'AIME GARDER UN PETIT PEU DE CONTRÔLE
D'ACCORD, MAIS AVONS-NOUS JAMAIS VRAIMENT LE CONTRÔLE SUR NOTRE DESTIN ??
NON, MAIS AU SOL, JE PEUX EN GARDER L'ILLUSION
J'AI PAS CONFIANCE EN LA TECHNOLOGIE... C'EST DE LA CAMELOTE FAITE PAR L'HOMME !
CE N'EST PAS PARFAIT, MAIS IL Y A DES CÔTÉS POSITIFS TOUT DE MÊME.
ÉCOUTE, TU ES LIBRE DE T'EXPLORER TOI-MÊME, TU N'AS PAS LES MAINS LIÉES PAR UN TRAVAIL PÉNIBLE, TU AS DU TEMPS LIBRE POUR LE LOISIR, LE VOYAGE, LE DIVERTISSEMENT...
OUAIS, J'AI DU TEMPS POUR RÉFLÉCHIR À MA HAINE DU MONDE MODERNE... À QUEL POINT IL EST EXISTENTIELLEMENT DÉPRIMANT ET PARFOIS TERRIFIANT... JE PRÉFÉRERAIS VIVRE À L'ÉPOQUE DES CHEVAUX ET DES CHARIOTS !
PAS TRÈS POSITIF COMME VISION
JE SAIS, T'AS RAISON !
C'EST VRAI QUE C'EST UN PRIVILÈGE D'ÊTRE LÀ, À RÂLER SUR CECI ET CELA... PEUR DE CI, SUPPORTE PAS ÇA... QUELLE BOURGE GÂTÉE JE FAIS, HEIN ?
BON, LÀ, TU NE FAIS QUE RÉAGIR... TON ANGOISSE EST JUSTIFIÉE, MAIS TU NE PEUX PAS LA LAISSER TE DOMINER !
HMM...
T'AS DE LA CHANCE, TU PEUX T'EXPRIMER PAR L'ART.
REGARDE-MOI PAR EXEMPLE, JE TRAVERSE UN DIVORCE DOULOUREUX ET FINANCIÈREMENT CATASTROPHIQUE EN CE MOMENT.
JE ME RENDS DANS LE NEW JERSEY POUR M'OCCUPER DE ÇA !
EH BIEN, QU'EST-CE QUE ÇA TE FAIT ?
JE SUIS STRESSÉ... EN COLÈRE, AIGRI !
ET C'EST BIEN ?
NON, C'EST NUL
EH BIEN, TU Y FAIS FACE... TU VAS T'EN SORTIR... TU N'AS PAS L'AIR TROP NÉVROSÉ... ÇA IRA, TU SERAS DE RETOUR CHEZ TOI DANS QUELQUES JOURS...
VRAI, VRAI... FAUT PRENDRE DU RECUL SUR TOUT ÇA !
ANALYSE PROFONDE DE LA SITUATION D'AUTRUI...
FACILE DE CONSEILLER LA PAUVRE CRÉATURE EN FACE DE SOI !
SVP ATTACHEZ VOS CEINTURES MESSIEURS + DAMES NOUS ENTAMONS NOTRE DESCENTE VERS L'AÉROPORT KENNEDY INTERNATIONAL...
EH... NE T'INQUIÈTE PAS... DANS PEU DE TEMPS TU RETROUVERAS TA FAMILLE !
OH MON DIEU, J'AI FAILLI OUBLIER QUE J'ÉTAIS DANS UN AVION !
OH PUTAIN, J'PRÉFÉRERAIS MOURIR...
JE SAIS QUE J'VAIS SURVIVRE !
Hiiiiiiiiiiiiiiii
EH OUI, BIENTÔT JE SERAI ENTOURÉE DES MIENS À PARTAGER LEUR CHAGRIN ET LEUR GROSSIÈRETÉ !

(1) Tradition juive

AMIS + PARENTS VIENNENT À LA MAISON.
C'EST UNE TRAGÉDIE
CONDOLÉANCES, CHÉRIE !
ILS EMMÈNENT DES PLATS DÉLICIEUX.
LA NUIT, BUNCHE DORT À CÔTÉ DES GÂTEAUX.
JE SENS LE CHOCOLAT À TRAVERS LA CELLOPHANE !
LA NUIT SUIVANTE
CET ENVIRONNEMENT DÉPRIMANT + L'ODEUR DE CES PÂTISSERIES MAISON ME FONT CRAQUER !
PERSONNE NE S'EN RENDRA COMPTE !
LA NUIT, ELLE ENTEND LE VIEIL HOMME D'À CÔTÉ.
TOUSSE TOUSSE
TOUSSE TOUSSE TOUSSE
CET APPART COÛTE 600$ PAR MOIS, ILS AURAIENT PU FAIRE DES MURS PLUS ÉPAIS !!
AÏE AÏE, PAS BON DU TOUT CETTE TOUX, J'AI PEUR QU'IL NE SOIT MAL BARRÉ !
LE VENT GLACIAL DE MARS COGNAIT LES BRANCHES DES ARBRES CONTRE LES VITRES... ET À L'INTÉRIEUR, LE PROPRIO MAINTENAIT LE CHAUFFAGE AU MINIMUM.
MON DIEU, JE HAIS NEW YORK !
VIVEMENT QUE JE RETROUVE MA CALIFORNIE DU NORD TRANQUILLE ET INSUPPORTABLE.

LA BUNCHE EMMÈNE SA GRAND-MÈRE FAIRE DE LONGUES BALADES DANS LE CENTRE DE SA VILLE NATALE DE HEBREWHURST.
THE SNOOTERY
VESTE 1950
PANTALON AFGHAN
CHAUSSETTES RAYÉES, CHAUSSURES ROUGES
LES ADOS JUIVES SNOBS PULLULENT !
NEZ REFAITS
TRESSES AFRICAINES
RENTRE D'UNE COLONIE DE VACANCES "RÉGIME KACHER"
VOUS AVEZ VU CETTE FEMME, QUELLE BÊTE DE FOIRE!
EH, PLUTÔT CREVER QUE M'HABILLER COMME ELLE !!
ORTHODONTIE + DERMABRASION
JEAN DE MARQUE
LA BUNCHE N'A AUCUNE PATIENCE AVEC CES HORRIBLES PESTES JUIVES !
AH OUAIS, ET BEN PLUTÔT CREVER QU'ÊTRE À TA PLACE, CHÉRIE !
ELLE ÉTAIT COMME ELLES AVANT !
ROBOTS CONFORMISTES !
SALES...
NE T'EXCITE PAS ! POURQUOI TU CRIES ?
T'AS RAISON, PARDON.
ELLES M'ÉNERVENT !
UN PEU PLUS BAS DANS LA RUE... BUNCHE VOIT UNE FOULE DE JEUNES S'AGGLUTINER.
OH, VISE UN PEU ! JE ME DEMANDE CE QUI SE PASSE !
ON DIRAIT UNE BANDE DE SALES HIPPIES !
EH, QUE FONT TOUS CES GENS ?
ILS FONT LA QUEUE POUR LE GRATEFUL DEAD
AH !
OY !
JE PENSAIS QU'ILS N'ÉTAIENT CONNUS QU'EN CALIFORNIE !

* UNE ENTREPRISE MONTÉE PAR ARNIE, LE PÈRE DE BUNCHE ET AARON

BEN, J'AI UN COUSIN QUI PEUT M'AVOIR DES IMPRESSIONS D'ART, ALORS J'VAIS ENLEVER CES ÉCHANTILLONS DE FAÇADE ET FAIRE UNE PETITE GALERIE BOUTIQUE À LA PLACE! TU EN PENSES QUOI, TOI QUI ES ARTISTE?
EH BEN, TU T'Y CONNAIS EN ART, AARON? PAR EXEMPLE LA DIFFÉRENCE ENTRE UNE GRAVURE ET UNE LITHOGRAPHIE, ET QUELS ARTISTES SONT BONS ET TOUT?
JE VAIS ACHETER UN LIVRE POUR COMPRENDRE L'ART!
MON FILS HARVEY CONNAÎT TOUT SUR L'ART!
AH BEN... SUPER... J'VAIS L'APPELER POUR QU'IL ME RENCARDE!
EH, J'SUIS SÛR QUE CE MILIEU "ARTISTIQUE" EST FARCI DE PIGEONS ET DE DUPES... QUI PAYERAIT DE TELLES SOMMES POUR DE PAREILLES CONNERIES? PERSONNELLEMENT JE TROUVE ÇA INUTILE... MAIS C'EST À LA MODE!
ILS ADORENT TOUS CE MEC, LÀ, C'EST QUOI SON NOM? LEROY-NEWMAN... TU SAIS, IL ÉTAIT DANS PLAYBOY!
FAUDRA QUE JE COMMANDE SES PEINTURES... COMME LES COURSES DE CHEVAUX... ÇA VA BIEN VENDRE, ÇA!
ET SINON, AARON, COMMENT VA TA SANTÉ?
ALORS LÀ, NE M'EN PARLE PAS! MA CHÈRE!! TA MÈRE NE T'A PAS DIT QUE JE SORS DE L'HÔPITAL?
J'AI UNE TENSION QUI EXPLOSE ET LES ARTÈRES QUI DURCISSENT! TOUT LE TRALALA!
ILS M'ONT DIT D'ARRÊTER DE BOIRE, FUMER, MANGER... MAIS QUI VEUT VIVRE COMME ÇA! UN MORT-VIVANT, QUOI! ÇA SERT À RIEN!
JE CROIS AU DESTIN... QUAND C'EST TON HEURE, C'EST TON HEURE, ON Y PEUT RIEN!
PRENDS SOIN DE TOI QUAND MÊME, ET SALUTATIONS À TA FAMILLE!
TU RENTRES QUAND EN CALIFORNIE?
DANS QUELQUES JOURS
ALLEZ, À PLUS TARD LES FILLES... MAMIE, T'ES SI BELLE!
AH, MA P'TITE... T'ES SUPERBE! DIS À TON CLOCHARD DE MARI QU'IL A BIEN DE LA CHANCE!
TROIS JOURS PLUS TARD... C'EST LE MOMENT DE SE QUITTER...
DIS NANA, SI JE N'AVAIS PAS MES ÉLÈVES, JE SERAIS VENUE PASSER DU TEMPS AVEC TOI À MIAMI.
NE T'INQUIÈTE PAS MA CHÉRIE... ÇA VA ALLER... MAIS JE N'AURAIS PAS SURVÉCU SANS TOI CES DERNIERS JOURS!
BOB ET MOI VIENDRONT TE FAIRE UNE LONGUE VISITE CET ÉTÉ!
ÇA SERAIT MERVEILLEUX MA DOUCE... APPELLE-MOI QUAND TU PEUX!
DANS LE TRAIN... LA BUNCHE SONGE...
JE SUIS CONTENTE D'AVOIR ÉTÉ AVEC MA FAMILLE... MON QUOTIENT DE CULPABILITÉ A LÉGÈREMENT BAISSÉ...
C'EST BIZARRE QUAND MÊME... ON N'A JAMAIS PARLÉ DE MON GRAND-PÈRE
ÇA SEMBLE TABOU MAIS QU'EST-CE QUE J'Y CONNAIS EN COMPORTEMENT HUMAIN!
J'AI HÂTE DE TRAVERSER CES SIERRAS DÉBILES + RETROUVER CE CHER BOB!!
FIN!

* Le titre "Bunche du jour" est en français dans la version originale.

À quoi sert une Bunche ?

(1) Dan Aykroyd : acteur célèbre.
(2) Bauer Ware : poterie ou vaisselle colorée du début du XXe siècle.

6 ELLE A UN ESPRIT BOUILLONNANT QUI TOURNE À VIDE...
QUE FAIRE À MANGER POUR LA SOIRÉE D'ERNA ?
QUOI OFFRIR AUX VOISINS POUR NOËL ?
EST-CE QUE MON TRAVAIL EST NUL ?
DEVRAIS-JE PASSER UN DOCTORAT ?
J'SAIS PAS SI J'VEUX DES GOSSES.
EST-CE QUE ROBERT M'AIME VRAIMENT ?
POURQUOI TOUT LE MONDE DÉTESTE LES JUIFS ?
J'AI TROP DE PAIRES DE BOTTES.
7 ELLE EST FAINÉANTE ET SANS VOLONTÉ.
AHHH... JE CROIS QUE JE VAIS ANNULER MON COURS DE DANSE... JE SUIS TROP BIEN, LÀ !
À MA SANTÉ !
JE BOSSERAI DEMAIN !
8 CE N'EST NI UNE BONNE FILLE NI UNE BONNE PETITE-FILLE.
AH OUI, J'AVAIS OUBLIÉ VOTRE ANNIVERSAIRE DE MARIAGE !
OH CE N'EST RIEN MA CHÉRIE ! PAS GRAVE !!
NANNY, JE NE PEUX PAS ALLER TE VOIR POUR LES VACANCES, DÉSOLÉE... JE SUIS TROP OCCUPÉE !!
NE SOIS PAS DÉSOLÉE MA CHÉRIE, ÇA VA ALLER...!!
JE M'EN VEUX !
DÉSOLÉE !
ZUT !
MAIS NON MA PUCE !
TU SAVAIS QUE J'ALLAIS ME FAIRE OPÉRER ??
9 ELLE EST COMPLÈTEMENT ACCRO AUX PIRES MAGAZINES FÉMININS !
OUUUH, LE DERNIER "COSMO"
"DES ASTUCES RÉGIME POUR LES VACANCES"
"JAMAIS TROP JEUNE POUR MENTIR SUR SON ÂGE"
J'ESPÈRE QU'AUCUN INTELLO NE ME VERRA ACHETER ÇA !
GLAMOUR
COSMOPOLITAN
VOGUE
PEOPLE
FAMILY CIRCLE
FIELD & STREAM
OCEAN BLEND
10 EN PLUS, LA BUNCHE NE SAIT PAS ......
A CUISINER...
FAUT AJOUTER DES ÉPICES
ÇA RESSEMBLE VRAIMENT À RIEN !
DANS LA RECETTE ÇA AVAIT L'AIR SUPER BON
J'ESPÈRE QUE BOB EN MANGERA !
B JOUER DE LA MUSIQUE...
LES JUIFS SONT CENSÉS ÊTRE DOUÉS POUR ÇA !
C DANSER...
OUILLE... J'AI MAL AUX JAMBES !
D SUIVRE UN RÉGIME...
VIEUX FRIGO ANNÉES 30*
BOB DORT... QUELQUES PROTÉINES NE ME FERONT PAS DE MAL !
OUSTE, C'EST PAS POUR TOI !
MIAOU
MIAM, CETTE PATTE DE CUICUI SERA PARFAITE !
* J'EN CHERCHE UN AUTRE !

11
ELLE IMPOSE SA NÉVROSE AUX AUTRES... À SES LECTEURS.
JE NE M'ENTENDS PAS AVEC MA MÈRE
JE SUIS COMME WOODY ALLEN, ET C'EST UNE SUPER STAR !
JE ME SENS MIEUX APRÈS AVOIR RACONTÉ TOUT ÇA !
EST-CE DE L'ART ??
12
ELLE RATIONALISE !!!
JE BOIS ET J'EN FAIS TROP PARCE QUE JE M'ATTAQUE AUX VRAIS SUJETS DE MA VIE, TU VOIS ??!!
C'EST PARTICULIÈREMENT DIFFICILE POUR UNE FEMME !
CE SERAIT TELLEMENT SIMPLE SI J'AVAIS SEULEMENT À FAIRE UN GOSSE OU TROUVER UN BOULOT !
MAIS MON CHEMIN EST SOLITAIRE ET ARDU !
13
LA BUNCHE ESSAYE TOUJOURS DE PROVOQUER DES RÉACTIONS EXTRÊMES CHEZ SES AMIS...
JE SAIS QUE TU MÉPRISES MES FAIBLESSES ET MON MATÉRIALISME !!
MAIS NON
AVOUE QUE JE TE DÉGOÛTE !!
NON... LE PIRE RESSENTI QUE J'AI ENVERS TOI EST L'INDIFFÉRENCE.
HANN !
BON... Y EN AURAIT ENCORE, MAIS JE NE VEUX PAS VOUS ENNUYER !!!
D'AILLEURS, J'AI ENVIE DE TERMINER CE PETIT EXPOSÉ SUR UNE NOTE LÉGÈREMENT POSITIVE !
IL Y A QUELQUES VRAIES BONNES RAISONS À L'EXISTENCE DE LA BUNCHE !!
1
SA PASSION ANIMALE ET SON PROFOND MASOCHISME EN FONT LE PARFAIT OBJET SEXUEL POUR CERTAINS MECS !
ALLEZ, AU GALOP, HUE !
JE SUIS VILAINE ! PUNIS-MOI !! PLUS FORT, PLUS FORT... TUE-MOI, TUE-MOI !! VILAINE... VILAINE !!
SLAP SLAP
2
ELLE ADORE FAIRE DU SHOPPING... ELLE N'ARRÊTE PAS D'ACHETER...
YOUPI, J'AI TROUVÉ DES SUPER ENSEMBLES AUJOURD'HUI !
IL ME FAUT QUOI D'AUTRE ? HMM !!
ET UN CADEAU D'ANNIV' POUR ERNA !!
NICE STUFF
ELLE CONTRIBUE À FAIRE MARCHER L'ÉCONOMIE... LA BUNCHE EST UNE BONNE CITOYENNE !!
FIN.

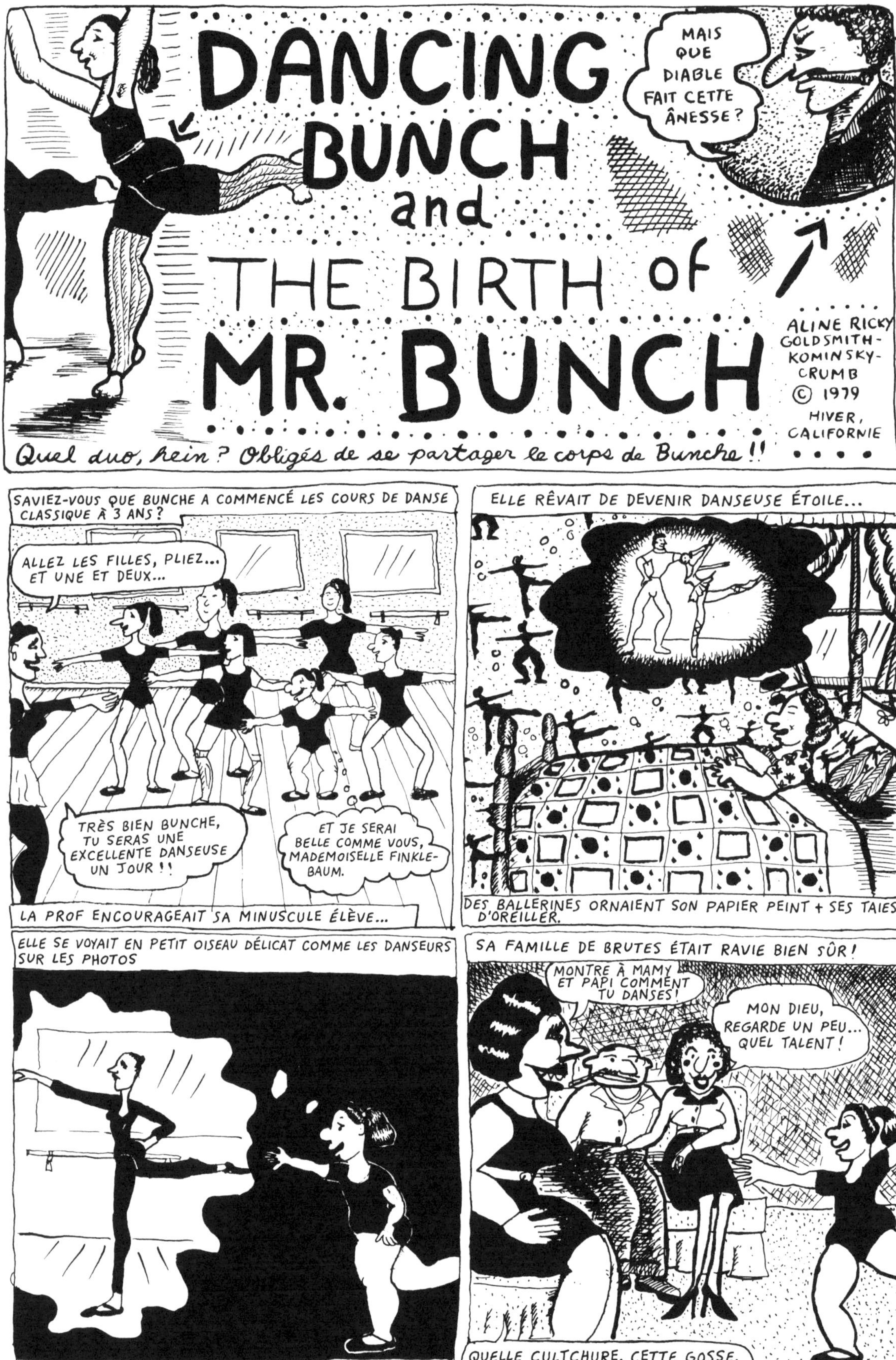
DANCING BUNCH and THE BIRTH of MR. BUNCH
MAIS QUE DIABLE FAIT CETTE ÂNESSE ?
ALINE RICKY GOLDSMITH-KOMINSKY-CRUMB © 1979 HIVER, CALIFORNIE
Quel duo, hein ? Obligés de se partager le corps de Bunche !!
SAVIEZ-VOUS QUE BUNCHE A COMMENCÉ LES COURS DE DANSE CLASSIQUE À 3 ANS ?
ALLEZ LES FILLES, PLIEZ... ET UNE ET DEUX...
TRÈS BIEN BUNCHE, TU SERAS UNE EXCELLENTE DANSEUSE UN JOUR !!
ET JE SERAI BELLE COMME VOUS, MADEMOISELLE FINKLE-BAUM.
LA PROF ENCOURAGEAIT SA MINUSCULE ÉLÈVE...
ELLE RÊVAIT DE DEVENIR DANSEUSE ÉTOILE...
DES BALLERINES ORNAIENT SON PAPIER PEINT + SES TAIES D'OREILLER.
ELLE SE VOYAIT EN PETIT OISEAU DÉLICAT COMME LES DANSEURS SUR LES PHOTOS
ELLE S'ENTRAÎNAIT SEULE À LA MAISON ....
SA FAMILLE DE BRUTES ÉTAIT RAVIE BIEN SÛR !
MONTRE À MAMY ET PAPI COMMENT TU DANSES !
MON DIEU, REGARDE UN PEU... QUEL TALENT !
QUELLE CULTCHURE, CETTE GOSSE, C'EST EXTRAORDINAIRE !!!

LA BUNCHE A CONTINUÉ AVEC JOIE JUSQU'À L'ÂGE DE DIX ANS ET LÀ, IL S'EST PASSÉ QUELQUE CHOSE...
QU'EST-CE QUI M'ARRIVE?? JE ME SENS BÊTE À FAIRE MES PLIÉS!!!
BUNCHE, ÇA NE VA PAS? VOUS N'ÊTES PAS CONCENTRÉE AUJOURD'HUI, MA CHÈRE!!
CETTE NUIT-LÀ:
POURQUOI RIEN NE VA, AUJOURD'HUI? JE ME SENS MAL.
ÉCOUTE PETITE, C'EST LE JOUR LE PLUS IMPORTANT DE TA VIE, TU TE RÉVEILLES!
QUI A PARLÉ!
QUI ÊTES-VOUS?
MONSIEUR BUNCH À TON SERVICE... À PARTIR DE MAINTENANT, ON EST ASSOCIÉS... JE VAIS TE MONTRER COMMENT ÇA MARCHE, FAUT ALLER DE L'AVANT, ALLEZ!
KESKE TU DIS?
EH BIEN, POUR COMMENCER, CES HISTOIRES DE BALLERINE... QU'EST-CE QUE C'EST CON... NON MAIS TU T'ES VUE!? EN TRAIN DE DANSER, LÀ?? CROIS-MOI, TU N'ES PAS FAITE POUR ÇA... Y A PAS PHOTO!!
MAIS J'AI TOUJOURS ADORÉ DANSER JUSQU'À AUJOURD'HUI, JE ME SUIS SENTIE RIDICULE...
OUI, TU VOIS, JE T'AI MIS LA PUCE À L'OREILLE, ET TU M'AS CAPTÉ... Y A DE L'ESPOIR POUR TOI, PETITE!
QUOI D'AUTRE NE VA PAS CHEZ MOI?
EH BIEN, TES TRUCS ARTISTIQUES ET TON VIOLON, LÀ, C'EST DES TRUCS DE GOSSE... C'EST NEUNEU, CUCUL... ÇA TE MÈNERA NULLE PART!!!
FAUT COMMENCER À CALCULER ET À MANŒUVRER, CAPTER COMMENT FONCTIONNENT LES GENS, FAUT TROUVER LE BON ANGLE, TU VOIS??
NON!

ÉCOUTE, ICI C'EST LA LOI DE LA JUNGLE. SI TU VEUX ÊTRE EN HAUT DU PANIER, T'AS PLUTÔT INTÉRÊT À TE BOUGER LES FESSES !
AH BON ?
BAH OUAIS !
J'VEUX DIRE, T'ES UNE GONZESSE, NON ?? ALORS LA MEILLEURE COMBINE POUR TOI C'EST DE TROUVER UN VIEUX RICHE !!!... DEMANDE-TOI COMMENT TU VAS T'EN DÉGOTER UN... COMMENCE À ENQUÊTER SUR CE QU'ILS VALENT !!
MAIS J'AIME PAS LES GARÇONS, JE LES DÉTESTE, ILS SONT TROP CONS !!
AH, ÇA TE PASSERA BIENTÔT, IL FAUT QUE TU PRENNES DE L'AVANCE SUR LES AUTRES NÉNETTES, FAUT JOUER DES COUDES POUR SORTIR DU LOT !!
JE NE VEUX PAS ME FAIRE REMARQUER !!
EH BIEN, MA P'TITE, EN VOILÀ UNE VRAIE ATTITUDE DE LOSER, DE NULLE, DE DINDON, DE ZÉRO... VA FALLOIR QUE J'TE MOTIVE... QUE J'RENFORCE TES POINTS FORTS !!
EH BIEN, JE TROUVE QUE JE SUIS UNE BONNE DANSEUSE, ET J'AIME BIEN JOUER DU VIOLON DANS L'ORCHESTRE DE L'ÉCOLE ET TOUT ÇA !!
C'EST BIEN MIGNON TOUT ÇA, BUNCHE, MAIS N'IMPORTE QUEL IDIOT PEUT LE FAIRE, ON S'EN FOUT !
MAIS MOI J'AIME BIEN...
MAIS ON S'EN FICHE !
L'IMPORTANT, CE N'EST PAS CE QUE TU AIMES, C'EST CE QUI VA TE METTRE EN TÊTE DE COURSE !
EN TÊTE PAR RAPPORT À QUOI ?? OÙ ?? QUI ?? JE FAIS LA COURSE AVEC QUI, AU JUSTE ??
LONGUE HISTOIRE, MA P'TITE !

GRÂCE À MONSIEUR B., LA BUNCHE PASSE D'UNE ENFANT CRÉATIVE ET INNOCENTE À UNE ADO TYPIQUE...
RHOOO, SI SEULEMENT RICKY FAISAIT ATTENTION À MOI, JE L'AIME TELLEMENT QUE ÇA ME FAIT MAL !!
J'SAIS PAS BUNCHE, J'AI ENTENDU QU'IL ÉTAIT AMOUREUX DE SUE GERINGER... ET SINON, T'AS LU L'ARTICLE DANS "TEEN-ZINE" SUR BOBBY RYDELL, IL EST VRAIMENT CHOU, QU'EST-CE QUE JE L'AIME...
ELLE ESSAYAIT SANS CESSE DE S'EMBELLIR POUR RESTER DANS CETTE COURSE SANS PITIÉ.
BIZARREMENT ELLE N'A JAMAIS RÉUSSI À DEVENIR POPULAIRE...
PURÉE MAIS POURQUOI PERSONNE NE VEUT SORTIR AVEC NOUS, CAROLE !!
BEN AU MOINS ON EST ENSEMBLE POUR FAIRE DES TRUCS ET SE PLAINDRE...
OUAIS, C'EST VRAI, ON PEUT TOUJOURS MANGER, REGARDER LA TÉLÉ, JUGER LES GENS ET PROUVER QU'ON EST SUPÉRIEURES ET QU'ILS NE COMPRENNENT RIEN !!
ELLE A CONTINUÉ COMME ÇA DURANT TOUT LE LYCÉE, PERDUE + AMÈRE, ET N'A PLUS TROUVÉ REFUGE DANS LES ACTIVITÉS ARTISTIQUES.
COKE
WISE POTATO CHIPS
PLUS TARD DANS LES ANNÉES 60, ELLE PLONGE DANS LES DROGUES ET LA QUÊTE SPIRITUELLE...
OH WOW, PETER, ÇA Y EST, J'VOIS ENFIN LE VRAI SENS DES CHOSES !
TU ES BELLE BUNCHE...
MAIS ÇA N'A DURÉ QU'UN TEMPS
ALORS ELLE S'EST MISE À BEAUCOUP FAIRE LA FÊTE ET COUCHER... MAIS... UN HOMME QUI LUI PLAISAIT BEAUCOUP LUI A DIT UN JOUR...
GRANDE GUEULE BOURRÉE
R'GARDEZ MES BISCOTOS LES GARS, J'SUIS FORTE
EH, BUNCHE, PETITE, T'ES FAITE POUR UNE VIE DE FÊTES ET DE VOLUPTÉ, YEP !
MINI-SHORT VIOLET
QUOI ?? MAIS NON !!! C'EST MON PIRE CAUCHEMAR, AU SECOURS !!

ELLE A POURCHASSÉ CET HOMME PENDANT DES ANNÉES ET ENFIN UN JOUR...
BON, BUNCHE, MON COMPTABLE ME DIT QUE JE PAIERAI 800$ DE MOINS EN IMPÔTS SI ON SE MARIE, ET COMME ON S'ENTEND BIEN... BAH...
OH BAH OUAIS, C'EST LE DESTIN QUI VEUT ÇA !!
OUAIS, FAUT CROIRE
DIEU MERCI, ELLE NOUS A ENFIN DÉGOTÉ NOTRE PAIN QUOTIDIEN !
ÇA VA ÊTRE DU BILLARD À PARTIR DE MAINTENANT !
ILS SE SONT MIS EN MÉNAGE ET ELLE EST DEVENUE FEMME AU FOYER PLUTÔT BIEN EN CHAIR.
MIAM, DES SPAGHETTIS, LE PLAT PRÉFÉRÉ DE ROBERT !!
ET DES BROWNIES EN DESSERT !
BIEN QUE MONSIEUR B. FÛT RAVI DE CETTE NOUVELLE VIE, LA BUNCHE COMMENÇA À SE DÉTESTER ELLE-MÊME.
REGARDE ÇA, COMME J'SUIS GROSSE, UNE VACHE, UN GROS TAS, BEURK !!
J'AI ZÉRO ÉNERGIE ET JE NE FAIS RIEN DE MA VIE...
MAIS QU'EST-CE QUI M'ARRIVE ??
SI SEULEMENT J'AVAIS CONTINUÉ LA DANSE
ALORS LA BUNCHE EST ALLÉE À LA FACULTÉ LOCALE, DÉTERMINÉE À SE REMETTRE EN FORME... ET ELLE EST TOMBÉE SUR UNE FEMME AU PHYSIQUE INCROYABLE.
BONJOUR, EXCUSEZ-MOI MAIS VOUS AVEZ L'AIR D'UNE DANSEUSE, SAVEZ-VOUS SI ON DONNE DES COURS PAR ICI ??
MAIS OUI BIEN SÛR, VENEZ À MON COURS DE DANSE CONTEMPORAINE À 13H CET APRÈS-MIDI !
VRAIMENT ? GÉNIAL !! COMMENT VOUS APPELEZ-VOUS ?
ALTHEA !
À TOUT À L'HEURE !
À L'ÂGE DE 29 ANS LA BUNCHE REPREND CE QU'ELLE AVAIT LAISSÉ 19 ANS PLUS TÔT...
JE NE SERAI JAMAIS DANSEUSE ÉTOILE MAIS JE PEUX ME DÉTENDRE ET PASSER UN BON MOMENT
ET ELLE A RÉUSSI À CALMER M. BUNCH, QUI A LE DROIT D'ATTENDRE DANS LE VESTIAIRE DES FEMMES !!
FIN

WHY the BUNCH CAN'T DRAW
MÊME SI ELLE A TOUJOURS VOULU ÊTRE UNE ARTIIISTE!!
ELLE DÉBORDE DE TALENT!!
OK MY HAIR IS BACK!
SORGO, PUNTO MORAGO SANTO!
OUI OUI, CES NUANCES SUBTILES DANS L'INTENSITÉ DES EXPRESSIONS FACIALES!!
OH NO!
© 1980 LA TRÈS TALENTUEUSE ALINE KOMINSKY-CRUMB
LE GRAND-PÈRE PATERNEL DE LA BUNCHE ÉTAIT UN MÉDIOCRE PEINTRE DU DIMANCHE!
CHERCHE UN BOULOT PLUTÔT QUE DE PERDRE TON TEMPS, VAURIEN!
OUI, MA CHÈRE!
PEU APPRÉCIÉ PAR SA FAMILLE... MORT JEUNE... BUNCHE A RÉUSSI À SAUVEGARDER QUELQUES-UNS DE SES TABLEAUX.
LES AUTRES MEMBRES DU CLAN BUNCHE ONT ZÉRO SENSIBILITÉ ESTHÉTIQUE...
TU AIMES BIEN CE PAPIER PEINT ABSTRAIT VERT + ROSE POSÉ AU-DESSUS DE LA NICHE BLEU CIEL?
C'EST LA DERNIÈRE TENDANCE, REGARDE! TU AIMES? ÇA TE PLAÎT?
MAIS C'EST TA MAISON...
HONNÊTEMENT LILIANE JE TROUVE ÇA HIDEUX
C'EST BIZARRE ET MAL COUPÉ... JE NE LE METTRAIS PAS!
AH, J'HÉSITE!
MAIS C'EST LA MODE...
JE SAIS, J'AI VU DANS VOGUE
LA PETITE BUNCHE A DÉCIDÉ TRÈS TÔT DE DEVENIR UNE ARTISTE DE GÉNIE ET A DÉBUTÉ SA CARRIÈRE À 8 ANS.
J'AI BIEN RECOPIÉ CE PICASSO JE TROUVE.
JE VAIS MONTRER À MAMY + PAPI, ILS ME L'ACHÈTERONT!
APRÈS JE FAIS UN MODIGLIANI!
C'ÉTAIT UNE BONNE PETITE COPISTE, CE QUI A BEAUCOUP IMPRESSIONNÉ LES ADULTES DE SON ENTOURAGE.
C'EST VRAIMENT BIEN
QUEL TALENT, ELLE IRA LOIN!
OUAIS, ELLE TIENT ÇA DE MON PÈRE, UN GRAND PEINTRE!
SUPERBE!
JAMAIS VU ÇA!
JE VAIS ALLER DANS UNE ÉCOLE SPÉCIALISÉE!
OUAIS ON L'ENVOIE DANS UNE ÉCOLE D'ART

LA BUNCHE RECEVAIT BEAUCOUP D'ÉLOGES + A COMMENCÉ À FAIRE UN TRAVAIL PLUS ORIGINAL.
VOILÀ CE QUE JE RESSENS ENVERS MAMAN + PAPA !
MON PROF D'ARTS PLASTIQUES M'A DIT QUE C'ÉTAIT UNE ŒUVRE TRÈS FORTE !
DE LA MERDE, OUI !
QU'EST-CE QUE J'Y CONNAIS MOI, J'SUIS VENDEUR, PAS CRITIQUE D'ART !
MAIS TU TROUVES ÇA BIEN ?
SI LE PROF L'A DIT, C'EST QUE ÇA DOIT L'ÊTRE. BRAVO, CHÉRIE !
C'EST PLUS RIGOLO QUE DE RECOPIER LES GRANDS MAÎTRES !
MAIS QU'EST-CE QUE TU FAIS ALLONGÉE DANS LA PEINTURE ??
J'INNOVE, MAMAN... JE FAIS UNE EMPREINTE CORPORELLE !
ABSOLUMENT MERVEILLEUX, MA CHÈRE ! PROFONDÉMENT ÉMOUVANT ! QUE RESSENTAIS-TU EN LE FAISANT ?
J'IMAGINAIS QUE J'ÉTAIS UN COCHON SAUVAGE SE TORTILLANT DANS LA BOUE...
TU VOIS, TU AS DÉVOILÉ TON ANIMAL INTÉRIEUR INCONSCIENT, MON ENFANT !
AH !
MAIS BIENTÔT LA FAMILLE DÉCHANTE DE CET ART LIBÉRÉ... LORS D'UNE EXPOSITION À SON ÉCOLE...
GÉNIAL, VOUS NE TROUVEZ PAS ?
PRIMITIF + ORIGINAL !
JE N'Y COMPRENDS RIEN... MAIS APPAREMMENT C'EST TRÈS BON !
C'EST UNE BLAGUE OU QUOI ? JE PAYE CES GUIGNOLS POUR ENSEIGNER CETTE MERDE À MA FILLE...
BANDE DE SALES...
PAS DE CHUT !
CHUT CHUT
LES PARENTS DE BUNCHE ONT CESSÉ DE L'ENVOYER À L'ÉCOLE D'ART + ONT COMPLÈTEMENT IGNORÉ SES RÉALISATIONS ARTISTIQUES DEPUIS.
MÊME SI TOUT LE MONDE S'EN FOUT, JE CONTINUE* !
JE NE PEUX M'ATTENDRE QU'À DU MÉPRIS DE LA PART DE GENS ORDINAIRES COMME EUX !!
RAMÈNE-TOI, ON EST À TABLE !
VOILÀ, J'ARRIVE !
J'ENDURERAI LA SOLITUDE DE L'ARTISTE !
* TOUJOURS D'ACTUALITÉ

[1] Yearbook : sorte de livre d'or avec photos de classe dans lequel toutes les copines et tous les copains écrivent des mots à la fin de l'année scolaire.

LE PROFESSEUR D'ART DE BUNCHE ÉTAIT UN JUIF QUI S'APPELAIT M. HOROWITZ.
VOS NOTES DÉPENDRONT DU NOMBRE DE CARNETS DE CROQUIS QUE VOUS REMPLIREZ PAR SEMESTRE !
ET NE VOUS INQUIÉTEZ PAS DE LA QUALITÉ DE VOS DESSINS, C'EST MOI QUI EN SERAI JUGE !
AH VOUS AVEZ BEAUCOUP BOSSÉ, PETITE... MAIS CES GRIBOUILLAGES, C'EST UN GIMMICK, NON ? VOUS NE SAVEZ PAS VRAIMENT DESSINER... JE VOUS METS LA MOYENNE DU COUP...
COMMENT ÇA, JE NE SAIS PAS DESSINER ??
J'SUIS UNE ARTISTE !
BON OK, JE VOUS METS 14 !
EH, JE NE VOULAIS PAS VOUS VEXER !
UN AUTRE PROF AVAIT UNE APPROCHE ACADÉMIQUE.
CECI EST LE POINT DE FUITE !
IMAGINEZ QUE C'EST UN COIN DE PORTE.
AH J'AI COMPRIS !
C'EST VRAIMENT TRÈS SIMPLE !
LA BUNCHE RÉUSSISSAIT BIEN SES EXERCICES...
MAIS !
VOICI MON DEVOIR, LE DESSIN D'UNE MAISON.
JE N'ARRIVE PAS À CONTRÔLER LE RÉSULTAT QUAND JE DESSINE... J'ESSAYE !
MAIS ON VIENT D'APPRENDRE LA PERSPECTIVE !
INUTILE, SANS ESPOIR
C'EST PAS MA FAUTE !
J'EN PERDS MES CHEVEUX !
CES FILLES QUI ÉTUDIENT LE DESSIN... ELLES ME RENDENT FOU !!!
J'SUIS DÉSOLÉE, J'SUIS DÉSOLÉE... CALMEZ-VOUS !
J'AI BESOIN D'UN VERRE !
LA BUNCHE S'EST ENFUIE DE LA FAC... ENCEINTE...
J'ESPÈRE QUE JE VAIS RETROUVER LES VIEUX POTES AVEC QUI J'ME DÉFONÇAIS !
3RD. ST
B
CE QUARTIER EST UN PEU CRAIGNOS.

(1) Love-in : fête hippie célébrant l'amour libre.
(2) Diplôme englobant entre autres des cours de philosophie, histoire, musique, arts et littérature.

MAIS LA BUNCHE N'A PAS PU RÉSISTER À L'APPEL DES ATELIERS DE PEINTURE.
HM, JE VAIS PEUT-ÊTRE PRENDRE UN PETIT COURS... ILS ONT L'AIR DE S'AMUSER LÀ-DEDANS...
ELLE S'EST RETROUVÉE AVEC UNE PROF INTELLIGENTE.
TU AS QUELQUE CHOSE À DIRE, C'EST SÛR !
ÉCOUTE, C'EST PUISSANT CE QUE TU FAIS... IL FAUT JUSTE AFFINER.
AH BON !
C'EST VRAI ?
OUI... CONTINUE À TRAVAILLER... SUIS TA VOIX INTÉRIEURE... N'ÉCOUTE PAS CES PROFS MÂLES AVEC LEURS EGO PATHÉTIQUES !
KAIBABS
PENDANT UN TEMPS, LA BUNCHE EST DE NOUVEAU INSPIRÉE...
TRÈS INFLUENCÉE PAR DE KOONING !
BUNCH
QU'EN PENSEZ-VOUS ?
TENTATIVE INTÉRESSANTE... CONTINUEZ.
MAIS LA FAIBLE + DÉTESTABLE FEMELLE QU'ELLE ÉTAIT A FINI PAR CAPITULER.
TRÈS INTÉRESSANT... PARLONS-EN AUTOUR D'UNE BIÈRE !
ÇA ME BRANCHE BIEN ! JE SUIS CONTENTE QUE VOUS AIMIEZ MA GRAVURE !
JE PEINS DEPUIS MES 8 ANS.
AH VRAIMENT... INCROYABLE... T'ES MIGNONNE, TU SAIS ? ET PUIS TU AS L'AIR SENSIBLE + PERSPICACE... C'EST RARE !
OUI, JE SAIS CERNER LES GENS !
TU N'VEUX PAS QU'ON AILLE DANS UN ENDROIT TRANQUILLE ?? CHEZ TOI PAR EXEMPLE ?
LA BUNCHE CHERCHAIT DÉSESPÉRÉMENT L'APPROBATION DE SES PROFESSEURS...
CHOUETTE, J'AI PEINTURE À L'HUILE AUJOURD'HUI AVEC CE CANON DE M. McGOON. J'ESPÈRE QU'IL AIMERA MA TENUE !
J'ESPÈRE QU'IL VOUDRA BOIRE DES BIÈRES AVEC MOI !!
IL ME TROUVE DOUÉE
PAS MAL !
OUAIS, JE L'AI VUE TRAÎNER AU TALLY HO !
PAUVRE ALLUMEUSE BUVEUSE DE BIÈRE !

QUAND ELLE A ENFIN EU SON DIPLÔME, ELLE ÉTAIT DEVENUE UNE GROSSE VACHE SANS TALENT...
EH, LES GARS... VENEZ, ON VA BAISER ! ... HEH, HEH ! VOUS ALLEZ OÙ ? ALLEZ !
FERME TON CLAPET, PÉDÉ !
T'ES RÉPUGNANTE ! RESSAISIS-TOI !
SON NEZ AVAIT GONFLÉ
ELLE SENTAIT FORT + SES VÊTEMENTS ÉTAIENT INFORMES.
SON SEUL INTÉRÊT POUR L'ART À CETTE ÉPOQUE ÉTAIT LES BANDES DESSINÉES...
ÇA ME PARLE... C'EST TELLEMENT PROVOC' ET RÉALISTE... CE MEC SAIT DESSINER !
HÉ C'EST DRÔLE... CES FILLES ONT DES CORPS COMME LE MIEN...
CELUI QUI DESSINE ÇA DOIT ÊTRE BIEN BARRÉ !
DEUX DESSINATEURS DE BD VIENNENT RENDRE VISITE À UNE AMIE DE BUNCHE
EH FRANGINE, TU KIFFERAIS SAN FRANCISCO.
OUAIS, ÇA TE PLAIRAIT, JE PENSE
OUI, JE SUIS INSATISFAITE... JE VEUX DESSINER ET GAGNER DE L'ARGENT !
JE VEUX RENCONTRER L'ARTISTE QUI DESSINE LES FEMMES FORTES, LÀ !
EN PLUS J'AI DÉJÀ COUCHÉ AVEC TOUS LES ARTISTES MIGNONS DU COIN !
PAS DE PROBLÈME, JE TE LE PRÉSENTERAI !
INSPIRÉE PAR LE RÉALISME DES BD, BUNCHE ÉCRIT SA PROPRE BD ET L'EMMÈNE À SAN FRANCISCO !
MERDE, QUEL PENSUM ! MAIS IL Y A 4 PAGES À REMPLIR !
OUI MA CHÈRE, JE SOUTIENS À FOND LA CAUSE FÉMINISTE... ALORS J'AIMERAIS PUBLIER TON BOULOT !
OH JE SUIS RAVIE. MA PREMIÈRE BD PUBLIÉE... J'VAIS ÊTRE CÉLÈBRE !
MAUVAIS DESSINS, BEAU CORPS !
MÊME LES DESSINATEURS UNDERGROUND LES MOINS RAFFINÉS LUI DONNAIENT DES CONSEILS DE DESSIN.
ÉCOUTE, TU TE CHOISIS UN DESSINATEUR D'AVANT ET TU COPIES SON STYLE, COMME LE FAIT CETTE FILLE, LÀ. TU VOIS ?
C'EST LA SEULE MANIÈRE DE RÉUSSIR DANS CE BIZNESS !
MAIS C'ÉTAIT INUTILE
PARCE QUE...
JE SUIS LA BUNCHE ET JE NE SERAI JAMAIS BONNE !
JE SUIS LA BUNCHE ET JE NE SAIS PAS POURQUOI MES DESSINS RESSEMBLENT À ÇA !!
ET VOILÀ ??

THE SAGA OF
Il ne mesure que 1 m 65 mais il joue au basket-ball !!!
LE PLUS POPULAIRE DU COLLÈGE 1962
MISTER COOL !!
LE PETIT ROI
STUIE SPITZER
JE LE HAIS MAIS JE VOUDRAIS QU'IL M'AIME !
– Aline Kominsky-Crumb –
© 1980
Il était petit et parfait !!
LA BUNCHE RENCONTRE STUIE LE PREMIER JOUR DE MATERNELLE.
EH, JE PEUX JOUER AVEC TOI?
MOUAIS, D'ACCORD
MAIS JE DÉTESTE LES FILLES !
UN PEU PLUS TARD :
HA, JE TE VOIS FAIRE CACA !
JE VAIS LE DIRE À TOUT LE MONDE !
SORS D'ICI STUIE !
FERME-LA !
PUIS LA BUNCHE A CHANGÉ D'ÉCOLE ET N'A PAS REVU STUIE PENDANT UN MOMENT.
MAIS ELLE N'A PLUS JAMAIS FAIT CACA À L'ÉCOLE !
GIRLS LAVATORY
RHA, J'AI TELLEMENT BESOIN D'Y ALLER !!
MAIS JE ME RETIENS !
JE FERAI À LA MAISON.

LA BUNCHE AIMAIT ALLER AU CENTRE AÉRÉ DE SON ÉCOLE LE SAMEDI... C'ÉTAIT MIXTE
POUSSE-TOI CREVETTE !
J'SUIS PLUS FORTE QUE LES GARÇONS !
ELLE AIMAIT LE CHEVAL D'ARÇON !
ET L'ACROBATIE !
OUAIS, VAS-Y BUNCHE !
JE M'AMUSE !
OBSÉDÉE PAR LA FORCE PHYSIQUE
ELLE AIMAIT SURTOUT LES JEUX COMPÉTITIFS OÙ ELLE POUVAIT MONTRER SA FORCE !
ALLEZ TUFFY !
FRAPPE, BUNCHE !
AÏEEUUU !
SON JEU FAVORI ÉTAIT LA BALLE AU PRISONNIER...
TU NE PEUX PAS M'ÉCHAPPER... SPITZER !
PLANQUE-TOI !
EH, DU CALME ! VAS-Y MOLLO !
T'ES TROP GRANDE !
SURTOUT QUAND IL Y AVAIT STUIE !
TIENS, PRENDS ÇA !
AÏE ! MON DIEU !
BAM
ELLE POUVAIT METTRE STUIE EN PRISON !
ET AUSSI L'Y GARDER !!
VOUS NE LE SORTIREZ JAMAIS... HA HA !!
LAISSE-MOI PARTIR, AFFREUSE !
DÉPASSE PAS LA LIGNE STUIE, T'ES EN PRISON !!

AU COLLÈGE ILS ÉTAIENT DE NOUVEAU DANS LA MÊME CLASSE... STUIE ÉTAIT TRÈS POPULAIRE!
S'LUT LES FILLES, ÇA VA?
SALUT STUIE!
JE ME DEMANDE S'IL SE SOUVIENT!
SA-LUT!
VOUS VOULEZ VENIR À UNE FÊTE SAMEDI SOIR??
OH OUI, STUIE!
BIZARREMENT, IL Y AVAIT UNE FILLE DE TROP À LA FÊTE.
JE ME SENS MAL! POURQUOI LES GARÇONS NE DANSENT PAS AVEC MOI?
JE SUIS MOCHE?
ÇA VA CAROLE?
OH OUI, STUIE!
LA BUNCHE ÉTAIT BEAUCOUP PLUS GRANDE QUE LES GARÇONS
STUIE A ÉTÉ ÉLU LE GARÇON LE PLUS POPULAIRE DU COLLÈGE!
Ô, JEUNESSE ROYALE! QUELLES FAVEURS LUI SERONT ACCORDÉES!
PETIT MORVEUX PLEIN DE MORGUE! SOUVIENS-TOI, C'EST LE MEILLEUR MOMENT DE TA VIE, MEC. ÇA NE FERA QUE DÉCLINER À PARTIR DE MAINTENANT!
TOUJOURS AIGRIE
AU LYCÉE, STUIE A COMMENCÉ À SORTIR AVEC TRUDY KLEIN...
STUIE, T'AS ÉTÉ VRAIMENT GÉNIAL AU MATCH SAMEDI!
COMMENT ILS PEUVENT ÊTRE AUSSI HEUREUX? CETTE ÉCOLE EST SI DÉPRIMANTE!
ET Y A TANT DE MALHEUR ET D'INJUSTICE DANS LE MONDE!
J'PENSAIS À TOI, POUPÉE!!
POURQUOI J'SUIS PAS COMME EUX?
L'ANNÉE DES BOTTINES BLANCHES!
TRUDY ÉTAIT LA FILLE DE BERNICE, LA MEILLEURE AMIE DE BLABETTE
POURQUOI T'ES SI DÉPRIMÉE?? REGARDE TRUDY COMME ELLE EST BELLE ET JOYEUSE!! ET STUIE, QUEL ADORABLE GARÇON!
JE LES VOMIS! CE SONT DES ABRUTIS!
OH TAIS-TOI... TU ES JALOUSE... TU N'AS QU'À FAIRE UN RÉGIME ET SOURIRE UN PEU POUR CHANGER!!
JE NE PEUX PAS SOURIRE ALORS QUE NOTRE PAYS FAIT LA GUERRE AU VIETNAM!!!
STUIE + TRUDY SE SONT FIANCÉS À LA FIN DU LYCÉE... TOUT LE MONDE LES ENVIAIT!! TOUTES LES FILLES SURTOUT!!
OH TRUDE, JE SUIS HEUREUSE POUR TOI!
LA BAGUE EST SUPERBE!
VOUS IREZ OÙ POUR VOTRE LUNE DE MIEL, DIS? MIAMI BEACH??
C'EST TELLEMENT PALPITANT + ROMANTIQUE!
ON S'EN FOUT!
J'ESPÈRE QUE HOWIE VA FAIRE COMME STUIE!

PAR LA SUITE, LA BUNCHE EST DEVENUE UNE HIPPIE DÉFONCÉE... MAIS ELLE RENTRAIT CHEZ ELLE DE TEMPS EN TEMPS...
ALORS, QUOI DE NEUF DEPUIS QUE JE SUIS PARTIE?
EH BIEN, TRUDY + STUIE SE SONT MARIÉS EN JUIN... QUELLE CÉRÉMONIE MAGNIFIQUE!
ÇA A DÛ ÊTRE SUPER COOL! HEUREUSEMENT QUE J'ÉTAIS PAS LÀ... BEURK!
AU MOINS IL Y A ENCORE DES GENS DE TON ÂGE NORMAUX!
OUAIS, ILS SONT CONS, C'EST TOUT!
STUIE S'EST MIS À TRAVAILLER POUR SON PÈRE, FABRICANT DE PULL-OVERS...
JE CROIS QU'ON A BESOIN D'UN PRODUIT MOINS CHER! PRIORISER LA QUANTITÉ!
JE NE SAIS PAS, FISTON, JE SUIS RÉPUTÉ POUR LA QUALITÉ DE MES PRODUITS!
CES FEMMES NE RECONNAISSENT PAS LA QUALITÉ!
EH, LES TEMPS CHANGENT... FAUT PENSER MODERNE, ALLEZ, ÇA SE TENTE!
D'ACCORD, D'ACCORD!
BLABETTE + SON AMIE BERNICE ÉTAIENT IMPRESSIONNÉES...
100% ACRYLIQUE
REGARDE COMME ILS SONT BEAUX CES NOUVEAUX PULLS, BLABETTE! ET SEULEMENT 7,95 $, TU Y CROIS?
MON DIEU, QUELLE AFFAIRE! MIEUX QUE LOEHMANN'S*!
STUIE LES A CONÇUS!
QUEL ANGE CE STUIE!
REGARDE CES COULEURS À LA MODE!
*LOEHMANN'S : MAGASIN DISCOUNT PRÉFÉRÉ DE BLABETTE!
STUIE AIMAIT VISIBLEMENT LA BELLE VIE!
FAUT QUE J'UTILISE MES NOUVEAUX ÉCOUTEURS DERNIER CRI!
SPITZER
BIENVENUE AU MANOIR!
TRUDY A EU UN GOSSE + TRAÎNAIT AVEC BERNICE ET SES AMIES!
STUIE + MOI HÉSITONS ENTRE LA JAMAÏQUE ET PORTO RICO POUR NOËL!
EH BIEN MOI, JE DÉTESTE PORTO RICO, C'EST TRÈS SALE!
OUI, MAIS LA NOURRITURE AU HILTON DE SAN JUAN EST EXCELLENTE, BERNICE!
AH VRAIMENT?
PAR CONTRE LE TERRAIN DE GOLF DE KINGSTON C'EST UN RÊVE... + SI PROPRE!
PLUSIEURS ANNÉES PLUS TARD LA BUNCHE CROISE STUIE + TRUDY LORS D'UNE VISITE CHEZ ELLE, VERS 1971.
ALORS TU VIS EN ARIZONA! SENSASS!
COMMENT ÇA VA TOI? PARAÎT QUE LA BEUH DÉCHIRE SUR LA CÔTE OUEST!!
ELLE EST VRAIMENT NAZE PAR ICI CES DERNIERS TEMPS!
HEU, JE N'Y FAIS PAS TROP ATTENTION... JE NE FUME PRESQUE PLUS D'HERBE!
MAIS J'AIME BIEN LE PEYOTL!
T'ES UNE GONZESSE BRANCHÉE, DIS DONC!
AH BON?

LES ANNÉES QUI SUIVIRENT, LA BUNCHE RECEVAIT RÉGULIÈREMENT DES NOUVELLES...
SALUT M'MAN... ALORS, COMMENT ÇA VA? OUI, TOUT VA BIEN EN CALIFORNIE, ROBERT ET MOI ALLONS BIEN... QUOI DE NEUF LÀ-BAS?
JE FAIS DU FOOTING, DE LA DANSE AÉROBIC + JE BOSSE COMME UNE FOLLE... STUIE + TRUDY ONT ACHETÉ UNE PLUS GRANDE MAISON + TRUDY EST ENCEINTE... C'EST SUPER, NON? ET TOI, QUAND EST-CE QUE TU VAS FAIRE UN BÉBÉ?
OUAIS, OUAIS, J'EN SAIS RIEN!
UN PEU PLUS TARD...
JE N'Y CROIS PAS, STUIE S'EST RASÉ LA TÊTE!! P'T'ÊTRE QU'IL NE SUPPORTAIT PAS DE PERDRE SES CHEVEUX!!
ÇA ME FAIT MARRER DE L'IMAGINER CHAUVE... HA!!
BEURK! CE PULL ENVOYÉ PAR MA MÈRE EST TELLEMENT MOCHE...
LA CAMELOTE DE STUIE!!
ON DIRAIT UN TAPIS POILU!
AUCUNE CLASSE, CE MEC!
IL Y A QUELQUES MOIS LA BUNCHE EST RETOURNÉE CHEZ ELLE...
SALUT M'MAN... TU ES SUPERBE... LE SPORT TE RÉUSSIT, DIS DONC!
TU AIMES BIEN MA TENUE WESTERN?
OUI, MERCI CHÉRIE... TU N'ES PAS MAL NON PLUS!!
LA VIE CALIFORNIENNE TE FAIT DU BIEN, ON DIRAIT!!
PERSONNELLEMENT JE PRÉFÈRE LA FLORIDE...
EH BIEN, JE... JE...
LA BUNCHE REMARQUE QUELQUE CHOSE D'ÉTRANGE!
QUE FONT TOUS CES PULLS DANS LE SALON?
AH, JE NE T'AI PAS DIT? STUIE A FAIT FAILLITE! IL STOCKE DE LA MARCHANDISE ICI!!
TU BLAGUES?!
NON PAS DU TOUT, ET.....
TRUDY + BERNICE REVENDENT LES PULLS AUX PUCES!
BASKETS, CHAUSSONS
PULL-OVERS, PAS CHERS!
MINI-SHORTS!
PULLS DE QUALITÉ, PIÈCES UNIQUES!
PAR ICI M'SIEURS-DAMES!!
ON Y VA ON Y VA!
MAIS PAS D'INQUIÉTUDE... LE PETIT ROI SE RELÈVERA... AUX DERNIÈRES NOUVELLES, IL DEALAIT DE LA COKE!!
fin.

Les origines de la Bunche

(1) Honeybunch : littéralement « bouquet de miel », mais signifie aussi poupée, chérie, pépette, minette, ma puce.

(1) En anglais, le mot bunch veut aussi dire « un tas ».

(1) Danny Thomas était un acteur et présentateur juif avec un nez proéminent, célèbre dans les années 50. Sa fille Marlo, également actrice, était connue pour sa rhinoplastie extrême, en contraste avec le nez familial.

(1) The Village : quartier bohémien et hippie de New York City.
(2) Dans le texte original, il est écrit "ahtist" qui retranscrit l'accent new-yorkais.

* SHEITEL = RIDEAU EN YIDDISH

(1) Chanteuse hippie qui se faisait passer pour une Amérindienne.

* CES DEUX MECS SONT OBSÉDÉS PAR LA CHASSE AUX VIEUX DISQUES 78 TOURS DES ANNÉES 20 À DÉBUT 30.

(1) T.Z. : Terry Zwigoff, le meilleur ami de Robert, collectionneur de disques et également réalisateur du documentaire *Crumb*.

[1] Les "La Brea Tar Pits" sont des gisements de fossiles remontant à l'âge de glace, découverts en 1875 en plein cœur de Los Angeles. Des milliers d'animaux préhistoriques sont venus s'embourber dans les marécages gluants, piégés par les puits de goudron, et on peut les observer dans ce musée.

(1) À chaque fois qu'Aline écrit "Robert" dans le texte, elle l'écrit "Rohbit", prononcé avec l'accent juif de New York.

PENDANT CE TEMPS, BOB, INSOUCIANT, REND VISITE À DIFFÉRENTS COPAINS... IL PREND SON TEMPS.
HOURRA ... J'AI HÂTE D'ÉCOUTER MES NOUVEAUX DISQUES!
J'SUIS UN HOMME COMBLÉ!
ALLEZ, JE VAIS VOIR GREG... IL ME RAMÈNERA PEUT-ÊTRE CHEZ MOI!
OUAIS, LA BUNCHE PENSE QUE JE NE RENTRE QUE DEMAIN... J'SUIS PAS PRESSÉ!!
SUPER... ON FAIT UN PEU DE MUSIQUE ALORS?
POURQUOI PAS! J'PRENDS LE PIANO!
ON VA MANGER D'ABORD!
OK.
LA BUNCHE ARRIVE CHEZ ERNA + APPELLE FRÉNÉTIQUEMENT TOUT LE MONDE POUR SAVOIR S'ILS ONT VU ROBERT.
ELLE EST EN PANIQUE!
SALUT PHYLLIS... ROBERT N'EST PAS CHEZ TOI?
NON... OK MERCI!
QUI D'AUTRE APPELER?
ELLE FINIT PAR LAISSER TOMBER ET RENTRE CHEZ ELLE... ET DÈS QU'ELLE PART. . . . .
DRING DRING
C'EST L'ASPERGE
HOURRA!
SALUT ROBERT! CETTE FOLLE DE BUNCHE ESSAYE DE TE JOINDRE DEPUIS DES JOURS!
OUI, ELLE SAIT QUE TU ES RENTRÉ!!
ET ENFIN!
DIS DONC, ERNA M'A DIT QUE TU ESSAYAIS FRÉNÉTIQUEMENT DE ME JOINDRE!
J'ÉTAIS INQUIÈTE!
ÇA ME TOUCHE, BUNCHE! TU M'AIMES BIEN, ON DIRAIT!!
PURIFIÉE PAR LE GRAND AMOUR
LE LENDEMAIN:
ALLEZ BOB... FAUT TE POUSSER... J'ESSAYE DE PASSER L'ASPI!
MAIS JE MÉDITE!
ALLEZ, OUSTE!
TANT PIS!
VROUM! VROUM!
M. ASPI!!
FIN

Un portrait de la Bunche

* SHEITEL = RIDEAU EN YIDDISH

M. Bunch[1] prend des congés

[1] Rappel : M. Bunch est la version masculine de la Bunche qui vit en elle.

MONSIEUR BUNCH A UN GROS DILEMME
J'HÉSITE... C'EST UNE BONNE PLANQUE... J'SUIS AVEC LA BUNCHE DEPUIS QUE JE L'AI PRISE EN MAIN IL Y A 24 ANS...
JE NE POURRAI PAS SUPPORTER CE REMUE-MÉNAGE... MON JOUET FAVORI CASSÉ...
ELLE OBÉIT MÊME À MES IDÉES LES PLUS TORDUES...
VA FALLOIR QUE JE PARLE À LA BUNCHE !
NOURRI, LOGÉ... MAIS...
ALORS BUNCHE, QU'EST-CE QUI SE PASSE BON DIEU ? MON BUREAU EST EN BAZAR... TU REMETS ÇA AVEC TON AÉROBIC OU QUOI ?
BEN NON, M. B... MAIS IL FALLAIT QUE JE TE PARLE DU NOUVEAU LOCATAIRE !
LE QUOI !!
C'EST TEMPORAIRE
JE ME DISAIS QUE TU AVAIS GROSSI... ÇA VA PAS, NON ? BEURK, JE DÉTESTE LES BÉBÉS ...!!!
HOULÀ, ÇA BOUGE ENCORE !!
MOI QUI PENSAIS QUE TU ÉTAIS UNE FEMELLE RAISONNABLE !!
ÉCOUTE PETITE... ÇA VA PAS ÊTRE POSSIBLE... JE ME TIRE .....
OH NON M. B... S'IL TE PLAÎT... C'EST JUSTE QUELQUES MOIS...
C'EST DE LA FAUTE DE CE ROBERT.
ALLEZ, J'AI BESOIN DE TOI... JE VAIS DEVENIR UNE GROSSE IDIOTE !!
JE SAIS, C'EST DUR, APRÈS TOUT LE MAL QUE JE ME SUIS DONNÉ POUR TOI !
J'AI PEUR DE TOUT FOIRER SANS TOI !
ARRÊTE DE PLEURNICHER, C'EST ÉCŒURANT... VOIS ÇA COMME DES CONGÉS POUR MOI, OK ?? JE REVIENDRAI !!
FAUDRA QUE JE M'OCCUPE DU GOSSE !
PROMIS ?
OUAIS, OUAIS
PLUS TARD :
BUNCHE, T'AS EU AUCUNE BONNE IDÉE POUR "WEIRDO" DE TOUTE LA SEMAINE !! ALLEZ, AU BOULOT !!
MALHEUREUSEMENT, JE NE PENSE QU'À DES TRUCS DE BÉBÉ CUCULS !
J'ESSAYE ROBERT... JE VAIS TROUVER UN TRUC !
FIN

L'évolution de "Hotsy Bloato[1]"

[1] "Hotsy Bloato" pourrait se traduire par « Cocotte-minute ».
[2] Aline yiddishifie le mot "Lamaze", une technique de respiration pour l'accouchement.

VOUS SAVEZ... LA BUNCHE A FAIT DU CHEMIN... ELLE A DÉBARQUÉ IL Y A À PEINE 10 ANS À SAN FRANCISCO...
YOUPI... C'EST GÉNIAL D'ÊTRE DANS UNE VRAIE VILLE... ET J'AI LE FEU AU CUL ! J'ESPÈRE CROISER DES BEAUX MECS !!
J'AI BIEN FAIT DE QUITTER MON MARI ENNUYEUX !
ELLE A EMMÉNAGÉ AVEC UNE COPINE ET LA FÊTE A COMMENCÉ.
J'AI UNE BEUH D'ENFER
ON SNIFFE DE LA COKE ?
ALLEZ !
J'AIMERAIS FAIRE TON THÈME ASTRAL !
MINI-SHORT EN VELOURS !
LA BUNCHE A RENCONTRÉ BOB PEU APRÈS SON ARRIVÉE.
OOH, DIS DONC... TES GENOUX SONT VRAIMENT TRÈS MIGNONS !!
MEC... PERSONNE ME L'A JAMAIS DIT... JE LES AI TOUJOURS TROUVÉS GROS + MOCHES !
TON CUL AUSSI EST MIGNON !
NON, C'EST UN MONSTRE... TU ME FAIS MARCHER !
OH BÉBÉÉ !
T'ES UN COMIQUE, TOI !
DEUX GRANDS ESPRITS SE RENCONTRENT !
MAIS ELLE A RALLIÉ UN GROUPE FÉMINISTE + A RAPIDEMENT ÉLEVÉ SA CONSCIENCE.
OUAIS... J'AI RENCONTRÉ UN TYPE QUE J'AIME BIEN, IL AIME BIEN MES GUIBOLLES, MAIS IL EST MARIÉ + A UNE MAÎTRESSE !
CONNARD
LES HOMMES SONT DES IDIOTS... TELLEMENT PRÉVISIBLES !
JE TE TROUVE TRÈS BELLE AVEC TA SALOPETTE LARGE !
ELLE A POURSUIVI SA CARRIÈRE DANS LA BANDE DESSINÉE... DESSINANT DE GROSSES JUIVES QUI JOUENT LES DURES À CUIRE.
DON'T MESS WITH ME
YEW DIRTY...
WELL UH... UH...
GOLDIE GETS IT ON !
HELP !
JE M'AMUSE BIEN ! JE PEUX ME VENGER DES MECS + ÊTRE PAYÉE POUR ÇA !!
DES MOIS PLUS TARD, ELLE RECROISE BOB À UNE FÊTE...
EH BIEN, BUNCHE, TA VIE N'EST QU'UNE SUITE DE FÊTES + DE PLAISIR, ON DIRAIT !
AH BON ?!
CETTE IDÉE ME TERRIFIE... JE VEUX FONDER UNE FAMILLE, TOUT ÇA !!! JE ME VOIS DÉJÀ... 55 ANS, SURMAQUILLÉE, SEULE, ASSISE AU BAR !!

ET DONC LA SOI-DISANT BUNCHE LIBÉRÉE CÈDE À SON ANXIÉTÉ ET QUITTE LA FÊTE PERMANENTE !
PEUT-ÊTRE QUE SI JE VIS DANS CE CADRE NATUREL PAISIBLE... VOISINE AVEC BOB, J'AURAI UNE VIE NORMALE, + JE NE SERAI PAS OBLIGÉE DE FAIRE LA BRINGUE EN PERMANENCE !!
MAIS LA BUNCHE DÉCOUVRE DES TENSIONS + DES NÉVROSES SOUS-JACENTES DANS CE DÉCOR BUCOLIQUE !
LES CHIENS MANGENT LES COUCHES SALES !
OH MON DIEU, SAUL SE SHOOTE DANS LA GRANGE !
OH NON, MOOSE FAIT UNE GROSSE CRISE !
BOB DOIT ÊTRE PLANQUÉ DANS SA CABANE... SA FEMME A L'AIR ÉNERVÉE !
ELLE FINIT PAR FUIR, POUR PRÉSERVER SA SANTÉ MENTALE, + BOB LA SUIT... ILS S'INSTALLENT ENSEMBLE DANS UN PETIT BOURG DANS LA GRANDE VALLÉE !
MES BROWNIES SONT PRÊTS, BOB !
AAAH... ÇA SENT RUDEMENT BON !!
JE SUIS SURPRIS DE VOIR À QUEL POINT T'ES UNE FEMME AU FOYER, BUNCHE !
L'ADORABLE COUPLE SE MARIE ENFIN* CHEZ UN JUGE EN COSTUME CRIARD !
FÉLICITATIONS, VOUS POUVEZ EMBRASSER LA MARIÉE !
JE NE PEUX PAS T'EMBRASSER DEVANT LUI !
ALORS SERREZ-VOUS LA MAIN !
* ILS L'ONT FAIT POUR LES IMPÔTS !!
ET MAINTENANT CES DEUX NÉO-PLOUCS VONT AVOIR UN ENFANT.
JE NE SUIS PAS FAIT POUR ÇA.
OK... LES CONTRACTIONS COMMENCENT.
RESPIRATION SCHLAMAZE
HOUF HOUF HOUF HOUF HOUF !
EST-CE QUE LA BUNCHE A FAIT LE BON CHOIX ?? QUI SAIT...
JE CROIS QUE JE MAÎTRISE LA SITUATION ?
LA CRÉATURE BRÛLANTE EN MINI-SHORT EST TOUJOURS TAPIE DANS L'OMBRE !!!
FIN

La Bunche, son bébé et Mamie Blabette

(1) « Frère Jacques » chanté avec l'accent new-yorkais.

OH MON DIEUUU, ELLE S'ÉTOUFFE... APPELLE LE MÉDECIN... APPELLE LE SAMU !!
OH MON BÉBÉÉÉ MA CHÉRIE !
ÇA VA, CE N'EST RIEN !
NE VOMIS PAS SUR LE JOGGING CUSTOMISÉ !
TOTALEMENT INUTILE... VIENT JUSTE DE SE FAIRE LES ONGLES !
ÇA ME GÊNE PAS, SON VOMI !!
UN PEU PLUS TARD :
ALLEZ, ON SE DÉTEND, ON VA PRENDRE LE PETIT-DÉJEUNER, C'EST BON, ON SE CALME, TOUT VA BIEN...
30 SECONDES APRÈS :
C'EST BON ? T'AS FINI ? T'AS ASSEZ MANGÉ ? C'ÉTAIT BON ? JE L'AI PRÉPARÉ POUR TOI... T'AS AIMÉ ?! C'EST BON, T'AS FINI ? PRENDS TON TEMPS...
JE N'AI PAS FINI DE MANGER.
D'ACCORD... PRENDS TON TEMPS, ON EST EN VACANCES... BIEN, BIEN, BIEN...
T'AS FINI... ÇA Y EST ? C'ÉTAIT BON ?... JE L'AI BIEN PRÉPARÉ ? OUI ? ON SE DÉTEND MAINTENANT... D'ACCORD ? TU TE SENS BIEN, ÇA VA ? TU T'AMUSES BIEN ? TOUT VA BIEN... OUAIS... C'EST BON... OUAIS OUAIS......... OUI OUAIS........ OUAIS OUUIIIIIIIIIIIII..... OUIIIIIIII OUIIIIIIII....
HIIIIII
HIIIIII
ALLEZ, CALME-TOI... T'ÉNERVE PAS... STRESSE PAS !
MA P'TITE FILLE CHÉRIEEE !
FIN

La Bunche de Paris a 40 ans

(1) L.I. : Long Island.

* MA MÈRE NE M'APPELLE JAMAIS PAR MON PRÉNOM... ELLE FAIT UN LONG "A" AVEC UNE PETITE NOTE D'INTERROGATION À LA FIN.

(1) Payday & Reese's Peanut Butter Cups : barres chocolatées.

DE RETOUR À PARIS :
ALLÔ, ALLÔ, OH ZUT, JE CROIS QUE LA CONNEXION EST MAUVAISE... J'ENTENDS DES BRUITS BIZARRES DE CHIENS ET DE VOITURES...
BON, T'ES SÛRE QUE TOUT VA BIEN !!?? SÛRE, SÛRE ??!!
OUI, OUI, ÇA VA, PASSE LE BONJOUR AUX STEINBERG.
ON SE VOIT À MIAMI BEACH.
ET FAIS GAFFE À CE QUE TU MANGES ! LES FRANÇAIS SONT SALES !!
ON MANGERA AU BURGER KING !
OUI, LA DISTANCE AIDE BEAUCOUP... LA VOILÀ APAISÉE, ET JE ME SENS TOUJOURS AUSSI BIEN !! J'AI PLEIN D'IDÉES, DE RÉVÉLATIONS PROFONDES !*
JE VAIS ÉCRIRE DANS MON CARNET POUR ME SOUVENIR DES DÉTAILS QUAND JE RENTRERAI EN CALIFORNIE !
AUG 15, 1998
MY DO I HATE MY-SELF SO MUCH?
I'M NICE!
BON, GARDONS NOS PRIORITÉS !
HMM, DOIS-JE FAIRE PASSER LA STIMULATION MENTALE AVANT LE CORPS ?!
FAMILLE + AMIS
ART, SENSATIONS FORTES
VÊTEMENTS VIN DANSE
CORPS PARFAIT...
STIMULATION MENTALE
SEXE
NOURRITURE
IL FAUT ÉVITER :
· PAIEMENTS MENS
· SOLEIL
· AMÉLIORATION DE LA MAISON
· PERTE DE POIDS EXTRÊME
· FÊTES ENNUYEUSES
· TOYS "R" US
· RAQUET
NE NOUS MENTONS PAS À NOUS-MÊME !
SOIS COOL !
MON P'TIT MARI ME MANQUE... JE CROIS QUE JE SUIS MÛRE POUR RENTRER !
PLUS TARD, EN CALIFORNIE :
MMM J'SUIS HEUREUSE DE TE VOIR CHÉRI... VIENS LÀ !!
À VRAI DIRE, J'AI APPRÉCIÉ LE CALME... J'EN AVAIS BESOIN !
VOUS ÊTES TELLEMENT INTENSES, LES FILLES !
JE T'AI MANQUÉ ?
PORTE-MOI MAMAN PAPA MAMAN PAPA !! MOIIIIII !!
VROUM
VROUM
VROUM
VROUM
VROUM
C'EST QUOI CE BRUIT ?
CHUTTTT !! DOUCEMENT AVEC TON ENGIN !
RRRR
BRR-RR RRR
Y M' FAUT UNE CARABINE.
MERCI POUR L'ACCUEIL... SALE CON !
MAMAN, T'AS DIT UN GROS MOT !
IL T'ENTEND PAS MAMAN !
DEVRAIT Y AVOIR UNE LOI CONTRE LA POLLUTION SONORE !
CALME-TOI ! TU VAS PÉTER UNE DURITE !
ILS SE CROIENT AU FAR WEST OU QUOI ?
BARBARES !
GRR !
C'EST LE FAR WEST ICI... TU NE SAVAIS PAS ?!
J'AI 40 ANS... J'AI LE DROIT D'ÊTRE GRINCHEUSE !
JE VEUX UN NOUVEAU DÉGUISEMENT DE COW-BOY !
Fin
* OUAIS... COMBIEN DE FOIS J'AI RÉPÉTÉ ÇA ??? EH BEN JE SUIS TOUJOURS AUSSI NÉVROSÉE ET REBELLE !!

(1) *Mommie Dearest* en anglais, allusion au titre du bouquin au vitriol qu'une des filles de Joan Crawford a écrit sur sa mère.

CETTE CRISE M'A RAPPELÉ UN INCIDENT APPAREMMENT INSIGNIFIANT QUI A EU LIEU IL Y A 25 ANS... J'ÉTAIS UNE PETITE FILLE, ACCOMPAGNANT SA MÈRE DANS UNE BOULANGERIE...
SUPER SOIRÉE
ON VA AUX BAHAMAS LA SEMAINE PROCHAINE.
UNE DOUZAINE DE BAGELS, UN CHEESE-CAKE, UN GROS PAIN DE SEIGLE ET UNE DOUZAINE DE COOKIES AU CHOCOLAT
BIEN SÛR MADAME GOLDSMITH ! COMMENT ÇA VA ?
C'EST LA MÈRE DE MON AMIE MARNY, J'VEUX PAS QU'ELLE ME VOIE...
BIEN, MORTY
J'AI ENTENDU PARLER RHODA, LA MÈRE DE MARNY + JE L'AI VUE REGARDER MA MÈRE...
REGARDE, MAIS QUELLE HORREUR CETTE FEMME.
ELLE OSE SORTIR DE CHEZ ELLE COMME ÇA ?
PAUVRE ENFANT... ELLE N'EST PAS BÊTE.
J'AI TELLEMENT HONTE DE TOI MAMAN, JE VEUX MOURIR...
MAIS TU ME FAIS PITIÉ AUSSI... JE T'AIME MAMAN
MAINTENANT J'AI COMPRIS QUE MA MÈRE S'ENNUYAIT, ÉTAIT FRUSTRÉE, COMPULSIVE + EN COLÈRE !
COMMENT JE VAIS PAYER LES FACTURES ??
VA ! VA RANGER TA PORCHERIE DE CHAMBRE, BORDEL !
JE VEUX ALLER JOUER MAMAN
FERME TON CLAPET ! SALE GOSSE... PETITE MERDE !
JE NE SUIS PAS UNE MERDE MAMAN
J'ESSAYE DE TOUTES MES FORCES DE NE PAS RÉPÉTER CETTE RELATION DESTRUCTRICE...
VOUS VOYEZ, JE SUIS RATIONNELLE, MATURE + RAISONNABLE
SUR LE POINT DE CRAQUER
MA CHÉRIE, ALLEZ, MAMAN SERA TRÈS CONTENTE SI SOPHIE FINIT SES CÉRÉALES...
JE VEUX PÂTE À MODELER... JE T'AIME PAS MAMAN, MÉCHANTE MAMAN !!
NON !! SOPHIE JETTE SUR MAMAN... TOI MANGES ÇA, MAMAN !! MOI NON ! VEUX PAS !
JE FAIS BEAUCOUP DE SPORT POUR GARDER UN CORPS TONIQUE + ÊTRE UN BON MODÈLE POUR LA PETITE "SOF".
HIII !
AÉRO-MONSTRE
QU'ELLE SE TAISE, DEVANT
C'EST SUPPORTABLE !
SHE'S A MANIAC... SHE'S A MANIAC
HIIII !
COPINE KAREN
BOUCHE
MÉNAGÈRES PATHÉTIQUES QUI ONT VU "FLASHDANCE".
COPINES DE BUNCHE !
MAIS SI ON EST UN PEU DIFFÉRENTE... + PAS VRAIMENT FEMME AU FOYER IDÉALE, QUE FAIRE ??
VIOLET
ROSE
REGARDEZ-MOI ÇA !
DES BÊTES DE FOIRE, JE TE DIS.
CES COMMUNISTES DE LA VILLE
C'EST SANS ESPOIR !!

(1) Pastrami : plat ashkénaze de Roumanie ; bœuf fumé mangé en sandwich.
(2) Célèbre restaurant juif ashkénaze.

(1) Plats juifs ashkénazes. / (2) Goy : non juif.
(3) Aline n'est pas un prénom commun aux USA, beaucoup se trompent et disent Arline, Ayleen, etc.

CE MANQUE DE SATISFACTION CULINAIRE ME PERTURBE TELLEMENT QUE JE DOIS ILLICO MANGER UN ÉNORME SAC DE CHIPS TORTILLAS NATURE !
ET VOILÀ, JE SUIS UN SAC À PATATES BALLONNÉ, REMPLI DE SEL + DE GRAS...
VOUS VOUS DITES PEUT-ÊTRE... SI ELLE EST SI MALHEUREUSE POURQUOI RESTE-T-ELLE DANS CE DÉSERT CULTUREL ?? C'EST UNE ARTISTE, ELLE POURRAIT VIVRE À PARIS, BON SANG !!
PEUT-ÊTRE QUE J'AIME BIEN MON ALIÉNATION
OU BIEN J'ADORE RÂLER !?
SCHÉMA COMPORTEMENTAL NÉGATIF... MAIS SI ÇA MARCHE ??
ET SI JE PARTAIS QUELQUE TEMPS... UN VOYAGE À L'EST, VERS MES RACINES ETHNIQUES !
AU LIEU DE FANTASMER STÉRILEMENT, JE VAIS DIRECTEMENT À LONG ISLAND, CHEZ MA COUSINE IRÈNE...
QU'EST-CE QU'ON FAIT POUR LE DÎNER ?
ON VA COMMANDER À EMPORTER. SUSHIS ?
NON, C'EST TROP LÉGER... J'AIME BIEN LE NOUVEL ÉTHIOPIEN, C'EST COPIEUX !
ALORS, COMMENT VONT LES PLOUCS CALIFORNIENS ? ET TU AS VU MA NOUVELLE CUISINE ?
C'EST SUPERBE... LE FRIGO EST ÉNORME...
POURQUOI PAS MANGER AU DÉLI JUIF ?
OY... ON N'EN PEUT PLUS DU DÉLI JUIF... ON EN A MANGÉ 4 FOIS LA SEMAINE DERNIÈRE !
ET LE RESTO BARBECUE WESTERN, ÇA VOUS DIT ? Z'ONT DES STEAKS, DU CHILI, DES RIBS ET TOUT !! C'EST À LA MODE !!
Y A BEAUCOUP À MANGER... ON EN A POUR SON ARGENT !
ÇA NOUS CHANGE UN PEU.
TU VAS AIMER... T'ADORES LA VIE WESTERN, TOI, PAS VRAI ?!
ILS M'IGNORENT TOTALEMENT... ILS ONT L'HABITUDE DE DÉBATTRE À DEUX !
EH BIEN, MOI J'AURAIS BIEN AIMÉ MANGER CHINOIS OU ÉQUATORIEN OU ARMÉNIEN...
BON, ÇA VA COMME ÇA... J'APPELLE BARBECUE WESTERN...
DU COUP JE MANGE UN HOT-DOG AU CHILI QUI N'EST PAS DU TOUT CE QUE J'ATTENDAIS, MAIS POUR DES RAISONS ÉTRANGES, LE GOÛT EST TROP JUIF !
LE HOT-DOG EST TRÈS BON ET KASHER, MAIS LE CHILI EST INSIPIDE, COMME QUAND MA GRAND-MÈRE CUISINE ITALIEN... ON DIRAIT DU KETCHUP AVEC DU STEAK-HACHÉ TROP CUIT ET QUELQUES HARICOTS ROUGES BALANCÉS DEDANS !
CE HOT-DOG PROVOQUE DES RÉVÉLATIONS PROFONDES......

LA NOURRITURE ET LES ÉMOTIONS... JE PENSE AVEC NOSTALGIE À LA TENDRESSE PASSÉE... CHEZ MA GRAND-MÈRE FANNY
TIENS, PRENDS UN PEU D'ARGENT MA CHÉRIE D'AMOUR... VA ACHETER DES BAGELS ET DU SAUMON FUMÉ CHEZ SCHILOWITZ, ET PRENDS-TOI UNE DOUCEUR... JE FINIS MON MÉNAGE ET PUIS ON MANGE !
D'ACCORD NANNY, JE REVIENS DANS 5 MINUTES
UN GÂTEAU NOIR ET BLANC, SVP...
TIENS MA BELLE... ET PASSE LE BONJOUR À TA MAMIE DE MA PART !
D'ACCORD, MERCI Mme SCHILOWITZ...
D'AUTRES SOUVENIRS ME FONT GRINCER DES DENTS...
SALE CONNASSE... IMBÉCILE DE MERDE !
FERME-LA DEVANT LA PETITE !
SCHMUCK !
VA TE CHERCHER UN SANDWICH CHEZ HERB'S, ALLEZ, DÉGAGE DE LÀ !
J'AI ENVIE DE TE TUER
LA NOURRITURE A UN TEL POUVOIR... C'EST PRESQUE PSYCHÉDÉLIQUE... UN KALÉIDOSCOPE DE SENSATIONS
VIN ROUGE
QUELS SOUVENIRS
DE RETOUR CHEZ MA COUSINE IRÈNE.
AÏE, MON ULCÈRE SE RÉVEILLE ! IRÈNE... VA CHERCHER LE SMECTA S'IL TE PLAÎT !
D'ACCORD, J'Y VAIS... J'SUIS ÉPUISÉE... J'SUIS À PLAT.
POURQUOI TU RESPIRES LA SANTÉ, TOI ?
TU NE FAIS PAS TON ÂGE !
JE NE ME SENS PAS TRÈS BIEN NON PLUS, LÀ...
AHH, MAIS TU ES SUPERBE !
SEULEMENT 39 ANS... COMME MOI !
PLUSIEURS JOURS APRÈS :
HMM... IL PARAÎT QUE C'EST BON À MANGER, LES PISSENLITS !
JE DOIS DIRE QUE CETTE VIE MONACALE M'A MANQUÉ !
C'EST VRAI, JE NE RESSEMBLE PAS AUX AUTRES ICI... JE NE SUIS PAS BLANCHE !!
MAIS J'AI MOINS DE CELLULITE QUE MA COUSINE !
ET MON ENFANT A DES CHEVEUX BLONDS + DE LONGUES JAMBES...
PEUT-ÊTRE QUE JE FAIS PARTIE D'UN... PROCESSUS D'ÉVOLUTION !!
...FIN...

(1) Un regard profond sur un problème très sérieux...

ON SE SÉPARE... JE NE SAIS PLUS QUI JE SUIS
J'ADORE, J'ADORE... ÇA ME METTRA P'TÊTRE EN VALEUR !
TOUT A L'AIR DIFFÉRENT DANS CET ÉTAT SECOND... C'EST LE "SHOPPUMS DELIRIUMS" !!
superbe
style
taille 8
qualité
ON SE REGROUPE, DIRECTION LES CABINES D'ESSAYAGE...
TU VAS PAS Y CROIRE !!
J'AI TROUVÉ 2 COMBIS GALLI, TAILLE 8
SUPER !
C'EST QUOI ?
ALLEZ CHÉRIE, ON ESSAYE !!
JE REÇOIS DES CONSEILS SINCÈRES...
ALORS ?
ELLE EST TOTALEMENT DINGUE, MAIS SUR TOI, ÇA PASSE... TU ES CAPABLE DE LA PORTER !
J'EN AI VU UNE COMME ÇA À PARIS.
FABULEUSE !
SPORTIVE !
FAUT T'ENFERMER À L'ASILE SI TU LA PRENDS PAS, FRANCHEMENT !!
C'EST UNE GAULTIER !!
HMM, MAIS JE LA PORTERAI OÙ ??
ELLE EST TENDANCE
ALLEZ MA BELLE, À TA PROCHAINE SOIRÉE, TU VAS REGRETTER DE PAS L'AVOIR ACHETÉE !
EXQUISE !
QUELQUES SEMAINES PLUS TARD, SOUS LE SOLEIL DE LA CAMPAGNE CALIFORNIENNE
C'EST À LA MODE !
KESKE C'EST QUE ÇA ?!
MAMAN A UN DÉGUISEMENT DE CLOWN... MOI AUSSI J'EN VEUX UN !!

Deep Thoughts
Les femmes qui cuisinent sont-elles mieux aimées ?
From My Kitchen
MR. COFFEE
VOICI MA VIE... JE SUIS COMBLÉE !
MICRO-ONDES
FRUSTRATION SEXUELLE
ANGOISSE EXISTENTIELLE
PEUR QUE MES GÂTEAUX NE LÈVENT PAS
INSTINCT MATERNEL FAIBLE
BIBELOTS ANNÉES 30 ADORABLES
MANQUE DE CONFIANCE EN SOI
DÉSIRS DE VOYAGE...
SOUVENIRS ...
IL N'Y A QU'À MA TABLE DE CUISINE QUE J'ARRIVE À RÉFLÉCHIR !
EH OUI ...
AUTREFOIS, J'ÉTAIS UNE FILLE SAUVAGE + DÉBRIDÉE ...
MMM
TÂTE MES BISCOTOS !
MAIS MON ÂME S'EST FLÉTRIE ...
TOUT LE MONDE M'ADORE !
UN P'TIT CAFÉ ?
ON POURRAIT MANGER SUR LE SOL DE MA SALLE DE BAINS !
VOILÀ MA VIE ...
LE SEXE NE T'INTÉRESSE VRAIMENT PAS DU TOUT ?
OH NON !
TU AS PERDU COMBIEN DE KILOS ?
40.

JE CONDUIS MON BREAK TOUS LES JOURS.
IL VEUT PAS ME MONTRER SON TRANSFORMER
ELLE M'A PINCÉ !
L'ART EST PERFECTION, LA VIE EST CHAOS... J'AURAIS DÛ ÊTRE UNE BOHÉMIENNE DANS LE PARIS DES ANNÉES 20...
ON ARRIVE QUAND ?
FAUT QUE JE FASSE PIPI
MAN
ON M'A ÉLEVÉE POUR DEVENIR BONNE MÉNAGÈRE
MON ÂME RÊVE D'AVENTURE
+
MON EGO CHERCHE LA GRATIFICATION
MAIS LA CRÉATION ARTISTIQUE EST UNE TORTURE
JE ME BATS POUR GARDER UN CORPS DE RÊVE... LUTTANT CONTRE L'INÉVITABLE...
LES FEMMES AU FOYER MÉRITENT D'AVOIR DES AMANTS.
MAIS OÙ EN TROUVER ?
PARIS ?
J'AIME BIEN MES ENFANTS, ILS ME DONNENT BEAUCOUP DE JOIE
MON MARI EST GENTIL... JE L'AIME BIEN AUSSI !
JE M'ACHÈTE DES BEAUX VÊTEMENTS... JE BOIS DU VIN BLANC + JE MANGE DES SALADES...
JE M'AMUSE...
J'AI DE BONS AMIS
JE LES FAIS RIRE...
TU TE RENDS COMPTE, ELLE A DIT ÇA ?
HILARANT !
JE VEUX PLUS !
SUIS-JE UNE PESTE ?

MES ENFANTS M'EXPOSENT ET M'HUMILIENT...
PLUS DE CHAMPAGNE MA CHÈRE?
JUSTE UNE GOUTTE!
MAMAN TAIS-TOI
NE LUI PARLE PAS!
JE TE DÉTESTE!
JOUE AUX BARBIE!
J'AI DES PENSÉES MÉCHANTES + ENVIEUSES...
BOULANGERIE
ESPRESSO
GELATO
COOKIES
JE HAIS LA JEUNESSE...
JE HAIS LEUR MUSIQUE...
ILS NE CONNAISSENT RIEN À RIEN!
AU MOINS J'AI UN PEU DE SAGESSE, MOI!
REGARDE CES COUILLONS INSOUCIANTS...
ROBOTS CONFORMISTES!
JE CROIS QU'IL FAUT QUE JE PARTE ---- PARCE QUE...
1 MES RIDES S'ACCENTUENT
2 MA LIBIDO DIMINUE
3 MA COLÈRE IRRATIONNELLE AUGMENTE
4 MA CRÉATIVITÉ SE LIMITE À RÉORGANISER LES BIBELOTS
5 JE SUIS OBSÉDÉE PAR LE CANCER ET AUTRES MALADIES MORTELLES
6 J'AI UN BESOIN INCONTRÔLABLE DE FAIRE DU SHOPPING
7 BOIRE EST MON PLUS GRAND BONHEUR
8 L'AVENIR EST SOMBRE
MA FAMILLE ACCEPTE, ET BIENTÔT...
DRUGSTORE PUBLICIS
QUEL ENDROIT MERVEILLEUX!
SUIS-JE VRAIMENT ICI?!
MAIS... JE NE PARLE PAS FRANÇAIS!

JE M'ASSOIS DANS UN CAFÉ + J'ÉCRIS DANS MON CARNET. JE REMETS EN CAUSE MA VIE.
CAFÉ
BUFFET FROID
METRO
JE SENS UNE SORTE DE PAIX INTÉRIEURE...
UN PEU DE PEUR, UN PEU DE SOLITUDE...
JE ME FAIS QUELQUES PROMESSES...
1. MANGER PLUS
2. NE PAS SE SOUCIER DE L'ALCOOL
3. LAISSER POUSSER MES CHEVEUX
4. PASSER PLUS DE TEMPS À LA MAISON, ÊTRE PLUS GENTILLE AVEC MA FAMILLE
5. PARLER MOINS
6. AVOIR DES AMANTS
7. NE PAS CÉDER À LA PRESSION SOCIALE
8. ÉVITER LES TERRAINS DE TENNIS
9. REGARDER MOINS DE TÉLÉ
10 COMPRENDRE QUE JE NE SUIS PAS MAUVAISE, SE SOUVENIR DE PARIS.
MAIS JE NE PEUX PAS M'EMPÊCHER DE PENSER AUX MIENS...
ET SI JE NE MANQUAIS À PERSONNE ?
ET SI JE N'AVAIS QUE MOI-MÊME ?
PEUT-ÊTRE QUE ÇA ME PLAIRAIT !
OH, IL FAUT QUE J'ACHÈTE CETTE POUPÉE POUR MA FILLE !
ET L'AMOUR ? ET ACCEPTER DE RESSENTIR QUELQUE CHOSE ?
ET DONC... JE RENTRE À LA MAISON UN PEU PLUS APAISÉE... C'EST BON D'AVOIR LE TEMPS DE CONSIDÉRER LES QUESTIONS FONDAMENTALES...
ÊTRE VRAIMENT VIVANT, C'EST DOULOUREUX !
JE FUME DES GITANES MAINTENANT
J'AI PRIS 1 KG
MAIS JE ME SENS RAJEUNIE.
CONTENT QUE TU SOIS RENTRÉE MAMAN !
MAMAN TU M'AS MANQUÉÉÉ !
MOI AUSSI BÉBÉ !
PLUSIEURS JOURS PLUS TARD :
SI JE NE FAIS PAS ÇA LE CHAOS + LA CONFUSION + LA SALETÉ DOMINERONT LA PLANÈTE !
JE SUIS AIMÉE + UTILE... J'SUIS PRODUCTIVE...
MAIS DES PENSÉES NÉGATIVES BOUILLONNENT SOUS LA SURFACE... MA CRÉATIVITÉ ME DÉMANGE... LE BARRAGE VA BIENTÔT CÉDER...
JE CROIS QUE JE SUIS LÉGÈREMENT POSSÉDÉE !
JE VAIS BOIRE UN VERRE ET PLANIFIER MON PROCHAIN VOYAGE !
NOUVELLES ANGOISSES TORDUES À VENIR...

(1) Smegma : secrétions génitales blanchâtres.

FISSURES ANALES
MAINS MOITES
HALEINE FÉTIDE
C'EST FOU, TOUTES LES HORREURS QUI PEUVENT ARRIVER AU CORPS HUMAIN!
MÉLANOME
VERRUES
POILS INDÉSIRABLES
YEUX DÉGOULINANTS
J'ÉTAIS UNE AUDITRICE PASSIONNÉE...
JE SUIS DEVENUE UNE ENCYCLOPÉDIE MÉDICALE AMBULANTE...
OH NON, JE ME DEMANDE SI MON MARI N'AURAIT PAS LE SYNDROME DE MARPHAN?
HM, IL A BEAUCOUP DE CARACTÉRISTIQUES DE CETTE MALADIE... GRAND, MINCE, LONGS BRAS, MAUVAISE VISION, PIEDS PLATS!?!
ÇA POURRAIT ÊTRE MORTEL!
LINCOLN EN SOUFFRAIT SÛREMENT!
FAUT QUE J'APPELLE LE NUMÉRO VERT DES MALADIES CONGÉNITALES!
MON DIEU... PLUSIEURS JOUEURS DE BASKET SONT TOMBÉS RAIDES MORTS RÉCEMMENT À CAUSE D'UNE FAIBLESSE DU CŒUR DUE À LA MALADIE DE MARPHAN!
OH LÀ LÀ, BOB... IL FAUT QUE JE TE DISE QUELQUE CHOSE DE TERRIBLE... C'EST FORT POSSIBLE QUE TU SOUFFRES D'UNE MALADIE CONGÉNITALE GRAVE QUI S'APPELLE LE SYNDROME DE MARPHAN!
ÉCOUTE BUNCHE... ON VA TOUS MOURIR DE QUELQUE CHOSE... FAUT QUE T'ARRÊTES D'ÉCOUTER DR. EDELL, TU PERDS LA BOULE!
IL A SÛREMENT RAISON... MAIS SES JOURS SONT PEUT-ÊTRE COMPTÉS!
LE VRAI GÉNIE DE LA MÉDECINE "PAR TÉLÉPHONE" NE M'A VRAIMENT FRAPPÉE QUE QUAND J'AI MOI-MÊME DÉVELOPPÉ DES SYMPTÔMES ÉTRANGES!
BOB... RÉVEILLE-TOI, JE CROIS QUE J'SUIS EN TRAIN DE FAIRE UNE CRISE CARDIAQUE, J'AI PEUR...
BON DIEU... T'AS FAIT 2 COURS D'AÉROBIC AUJOURD'HUI, PUIS T'ES ALLÉE BOIRE DES COUPS AVEC TES POTES... T'AS UNE SANTÉ DE FER! TU ME LAISSES DORMIR?
NAN MAIS VRAIMENT, J'SUIS SÉRIEUSE... MON CŒUR BAT À 190 BPM, NORMALEMENT C'EST 57... JE SUFFOQUE!
J'AI MÊME PAS FAIT MON TESTAMENT...
LA PEUR PRODUIT DE L'ADRÉNALINE ENGENDRANT TOUT UN TAS DE NOUVEAUX SYMPTÔMES...
OH MON DIEU JE CROIS QUE JE VAIS M'ÉVANOUIR... J'AI LA NAUSÉE...
J'AI DES DOULEURS DANS LE BRAS GAUCHE + MES MAINS SONT ENGOURDIES ET GLACÉES...
ILS DEVRONT SÛREMENT M'OPÉRER À CŒUR OUVERT... ILS M'OUVRIRONT LES CÔTES À LA TRONÇONNEUSE!
NUIT APRÈS NUIT, JE FAISAIS LES CENT PAS À 2H DU MATIN...
J'PEUX PAS RESTER IMMOBILE... JE ME SENS COMME UNE BÊTE ACCULÉE!
JE SUIS GELÉE... MAIS JE TRANSPIRE... J'SUIS TROP JEUNE POUR LES BOUFFÉES DE CHALEUR!
MES SYMPTÔMES ONT FINI PAR EXASPÉRER BOB QUI M'A POUSSÉE À CONSULTER UN MÉDECIN...

* M.V.P. (MITRAL VALVE PROLAPSE) - PROLAPSUS MITRAL : UNE ANOMALIE CARDIAQUE CONGÉNITALE BÉNIGNE

(1) En français dans le texte.

NOUVEAUTÉ CAPTIVANTE !!! COMMANDEZ MAINTENANT !
D'APRÈS CETTE ADORABLE
BUNCHE
PUNCH-A-BUNCH
LE CLOWN BOXEUR
FESSES RENFORCÉES POUR FRAPPE INTENSE !
ON VA S'AMUSER... ON VA BOUGER, ET SE DÉFOULER AVEC... LE BUNCHING-BALL, UN PUNCHING-BALL COLORÉ, GAI, ANIMÉ... METTEZ-LA K.O., ELLE SE RELÈVERA TOUJOURS, PRÊTE POUR UN NOUVEAU ROUND ! UN MANNEQUIN DE COMBAT IDÉAL... COGNÉE CONTRE LE MUR ELLE DEVIENT UN PUNCHING-BALL POUR DES RAFALES DE COUPS DE POING !! MAIS C'EST VOUS LE BOSS AVEC CETTE SOLIDE DEMOISELLE !
COUPS EN RAFALES CONTRE LE MUR
Punch-A-Bunch
HEH HEH !
PLUS AMUSANT QU'UN FRISBEE ! UTILISEZ-LA EN INTÉRIEUR OU EXTÉRIEUR, ELLE SUPPORTERA. FABRIQUÉE EN VINYLITE ÉPAIS, DURABLE ET SOLIDE... ELLE MESURE 2M DE HAUT, AVEC UNE VALVE MÉTALLIQUE POUR GONFLAGE RAPIDE !!
JEU DE VA-ET-VIENT EXCITANT, CADEAU PARFAIT POUR HOMME PERVERS !
SEXISTE & ANTISÉMITE !
seulement 99.99 $
COUPON Adressez à
BARG INDUSTRIES
WOODMERE, L.I.
DEPT. 548
MONSIEUR, VEUILLEZ M'ENVOYER MA COMMANDE AVEC CI-JOINT : CHÈQUE OU VIREMENT
Nbre
BUNCHING-BALL --- 99.99 $
TOTAL..........
NOM
ADRESSE VILLE CP
STOCK LIMITÉ
MAMAN DE SOPHIE MME R. CRUMB 82
COMMANDEZ RAPIDEMENT AUJOURD'HUI !

[1] Titre difficile à traduire, Aline fait un mix de "jazzercize" et de "Bunche". Le jazzercize est un sport qui mélange la danse modern jazz avec le fitness, comme la zumba.

(1) En anglais "jazzercize", un sport à la mode pour les femmes au foyer dans les années 80.

QUELQUES MOIS PLUS TARD : BUNCHE EST DEVENUE UNE ACCRO AU JAZZ-FITNESS... MAIS POURTANT...
REGARDE-LES... C'EST PAS POSSIBLE !
CANICHES JAZZ
WHOO
WHOO
WHOO
BARB
BARB
C'EST QUOI LE DÉLIRE AVEC CES FLEURS QU'ELLES PORTENT TOUTES SUR LA TÊTE !
HYPNOSE, HYSTÉRIE COLLECTIVE ?? IMPLANTS DE CERVEAU ??
PAS ENVIE DE SOURIRE, CONNASSE !!
JAZZERCI
PERMANENTE DE CANICHE
JE RÉFLÉCHIS !
JE VEUX VOIR VOS BEAUX SOURIRES !
VOUS AVEZ LA PÊCHE ?
OUAIS ! WOOH ! WOOH ! ON RESPIRE ?
ON SE BOUGE !!
PEUT-ÊTRE QU'ELLE EST JUSTE IDIOTE ?
BUNCHE EST FASCINÉE ET PARTICIPE À UN MÉGA STAGE COLLECTIF (POUR UNE ENQUÊTE SOCIOLOGIQUE BIEN SÛR...)
RÉACTION INITIALE
WHOO WHOOO WHOOO WHOOO WHOOO
ON DIRAIT UNE MER D'ASTICOTS !
SOURIEZ !
BIZARRE !
OBSERVATRICE CALME ET OBJECTIVE !
DES HEURES PLUS TARD :
SES DÉFENSES SONT TOMBÉES !
WOW, C'EST FOU... TOUTE CETTE ÉNERGIE FÉMININE... C'EST PUISSANT !!!
C'EST TRIBAL
C'EST PRIMITIF
C'EST PROFONDÉMENT GRATIFIANT !
LE LENDEMAIN AU COURS NORMAL...
JE NE CRIERAI PAS, MAIS JE SOURIRAI...
NOUVELLE VERSION DE BUNCHE AVEC MEILLEURE ATTITUDE.
JE CROIS QUE ÇA ME PLAÎT... MAIS JE NE SUPPORTE TOUJOURS PAS LA PROF !
JE SOURIS !
JE CROIS QUE J'AI MAIGRI !
CETTE NUIT-LÀ :
C'EST DU SEXE-FITNESS ?
VAIS-JE AVOIR UN JAZZ-ORGASME ??
C'EST PRESQUE AUSSI BON QUE LE SPORT !!
FIN.

I HAD A DREAM LAST NITE
A. (philosophe) KOMINSKY-CRUMB
QU'EST-CE QU'IL VOULAIT DIRE ?
J'ÉTAIS AVEC UNE AMIE RICHE ET SNOB, À UNE ASSEMBLÉE DANS UNE ÉCOLE PRIVÉE HUPPÉE.
C'EST UNE EXCELLENTE ÉCOLE... JE VIENS D'INSCRIRE MON FILS ÉDOUARD POUR LA RENTRÉE.
C'EST SUPER !
JE VAIS ALLER ME CHERCHER UN CAFÉ.
EN VRAI, JE VOULAIS PARLER AU DIRECTEUR.
AH BONJOUR MONSIEUR, VOUS SAVEZ, J'ÉTAIS ICI IL Y A DES ANNÉES, PUIS JE SUIS ALLÉE À LA FAC... MAIS JE VIENS DE RÉALISER QUE JE N'AVAIS JAMAIS TERMINÉ LE LYCÉE... ET... ET...
AH... C'EST TRÈS INTÉRESSANT
VEUILLEZ M'EXCUSER...!
EN RETOURNANT À MA PLACE, JE RENVERSE MON CAFÉ...
OH JE SUIS VRAIMENT DÉSOLÉE... JE N'AI PAS FAIT EXPRÈS... J'AI PERDU L'ÉQUILIBRE.
ÇA NE SERA PAS NÉCESSAIRE... JE VAIS ME DÉBROUILLER...
VRAIMENT, EXCUSEZ-MOI.
JE VOUS DONNE MON ADRESSE, VOUS M'ENVERREZ LA FACTURE DU PRESSING.
'SCUSEZ-MOI SVP, JE PASSE !
QU'EST-CE QUE TU FAISAIS ? LA LECTURE DE POÉSIE EST SUR LE POINT DE COMMENCER !
J'AI EU UN PETIT ACCIDENT !
C'EST REGRETTABLE
ÇA VA, C'EST PAS LA FIN DU MONDE !

2E PARTIE DE MON RÊVE: J'ÉTAIS À UNE FÊTE DE QUARTIER... C'ÉTAIT UNE CRÉMAILLÈRE...
ON LANCE LE BARBEUC'
L'ARCHITECTE EST UN GÉNIE
J'ADORE LES TOURELLES!
JE DIRIGE UN MAGAZINE QUI S'APPELLE WEIRDO
REGARDEZ CES BELLES BOTTES !! J'AI COUCHÉ POUR LES AVOIR !!
LE POULET EST PRÊT!
D'UN COUP JE ME TROUVAIS À L'ARRIÈRE D'UNE VOITURE ENTOURÉE DE 2 COUPLES.
SI JAMAIS TU FAIS LE MÊME GENRE DE CHOSES QU'ELLE, JE TE TUERAI!!
ÇA VAUT POUR TOI AUSSI, POULETTE!
HOULÀ!
LES FEMMES N'ONT RIEN DIT.
JE COMMENÇAIS VRAIMENT À STRESSER, PUIS MES VÊTEMENTS ONT DISPARU.
LA VOITURE S'ARRÊTE... JE SORS... J'ÉTAIS À POIL SAUF LES BOTTES.
COINCÉS DU CUL!
JE COMMENCE À RENTRER CHEZ MOI À PIED
AH, QUEL SOULAGEMENT D'ÊTRE SORTIE!
JE ME SENTAIS BIEN... CALME... IL FAISAIT BON + JE M'EN FICHAIS !
FIN.

L'équipe schlep [1]

[1] Schlep : mot yiddish qui signifie se trimballer, se traîner, voyager lourdement chargé.

BREF... UNE EXCELLENTE PROPOSITION NOUS ARRIVA... UN VOYAGE EN FRANCE TOUS FRAIS PAYÉS, IL FALLAIT JUSTE ASSISTER À UN PETIT FESTIVAL DE B.D.
BOB... C'EST UNE CHANCE UNIQUE... JE N'Y CROIS PAS !
MAIS J'AI JURÉ DE NE PLUS JAMAIS ALLER À UN FESTIVAL DE B.D. DE MA VIE !
ÇA NE NOUS COÛTERA PAS UN CENTIME !
MES AMIS VONT ÊTRE DÉGOÛTÉS !
BUNCHE PIQUE UNE CRISE !
D'ACCORD, J'IRAI... MÊME SI J'SUIS DÉJÀ EN BURN-OUT !
TU NE M'AIMES PAS !
JE NE ME SUIS TOUJOURS PAS REMIS DE CE DOCUMENTAIRE QUE LA B.B.C. A FAIT ICI.
COMMENT ÇA ? J'AI ADORÉ AVOIR UNE ÉQUIPE DE TOURNAGE QUI FILME CHAQUE DÉTAIL DE NOTRE VIE PENDANT 3 SEMAINES... C'ÉTAIT DIVERTISSANT !!
C'EST BON, ALLONS-Y... JE CÈDE...
HIIIIIII, JE SUIS TROP CONTENTE... PARIS C'EST MA VILLE PRÉFÉRÉE !
TOUJOURS PAS APPRIS À GÉRER LES PESTES JUIVES !!
JE DOIS VITE COMMENCER À PRÉPARER MA GARDE-ROBE CONTINENTALE, PUIS JE VAIS APPELER TOUS MES AMIS À PARIS...
CHAUSSURES !
AH, JE PEUX ESSAYER DE RETROUVER CET ALLEMAND ABSOLUMENT SUBLIME DONT JE SUIS COMPLÈTEMENT AMOUREUSE !
JE VEUX EMMENER TOUTES MES BARBIE ET LEUR ACHETER DES NOUVELLES TENUES À PARIS, ET MES BISOUNOURS ET MES PETITS PONEYS.
JE T'ACHÈTERAI UN CANICHE FRANÇAIS !
ON A TOUT ESSAYÉ MAIS ELLE A DES GOÛTS IMMONDES EN JOUETS.
MA VISION DE LA VIE PARISIENNE.....
ALORS, MADAME CRUMB, QUE PENSEZ-VOUS DES NOUVELLES ŒUVRES DE JEAN-CLAUDE ?
EH BIEN, JE PENSE QU'IL EST AU SOMMET DE SON EXPRESSION ARTISTIQUE, DANS CETTE EXPOSITION !! QUEL PRIVILÈGE D'ÊTRE LÀ, DIDIER !
CELLE DE BOB...
OK SOF, J'VEUX BIEN JOUER ENCORE 3 HEURES À KEN + BARBIE, OU JUSQU'À CE QUE MAMAN RENTRE !
TU FAIS KEN, MAIS FAIS-LUI UN ACCENT FRANÇAIS !
BARBIE DREAM HOUSE
CELLE DE SOPHIE...
GLACE CHOCOLAT
Pommes Frites
COCA ORANGINA
Crepes
YOUPI, J'PEUX MANGER DES FRITES ET MONTER 100 FOIS EN HAUT DE LA TOUR EIFFEL !
PUIS JE MANGERAI UNE GLACE AU CHOCOLAT !

J'AI EMPRUNTÉ À MON AMI MÉDECIN LE PLUS GRAND SAC DE VOYAGE QUE J'AIE PU TROUVER... J'AI RAPIDEMENT DÉTESTÉ CE MONSTRE CASSEUR-DE-REINS...
JE N'AURAIS PAS DÛ EMMENER AUTANT DE BOTTINES
PEOPLES EXPRESS
POURQUOI ON N'A PAS DES MALLES À L'ANCIENNE, CHARGÉES DISCRÈTEMENT PAR DES BAGAGISTES SERVIABLES ?
J'SUIS FATIGUÉE
PORTE-MOI MAMAN !
JOUETS DE SOF
BOB SE TRIMBALLAIT LE CARTON À DESSINS + 2 SLIPS !
DANS LE LOUNGE DE L'AÉROPORT, J'AI BU QUELQUES COUPS + ÇA M'A TEMPORAIREMENT CALMÉE...
AHHH !
JE CROIS QUE ÇA IRA LÀ, NON CHÉRIE ??
ON MONTE DANS L'AVION ?
RELAX, CHÉRI... JE ME DÉTENDS UN PEU, C'EST TOUT !
J'VEUX RESTER EN CALIFORNIEEE !
ON ÉTAIT SERRÉS COMME DES SARDINES APRÈS AVOIR TRAÎNÉ NOS AFFAIRES SUR DES KILOMÈTRES...
AVANT, VOYAGER EN AVION ÉTAIT CHIC. LÀ, C'EST UN WAGON À BESTIAUX.
Y A PAS DE FILM !
QUI C'EST QUI CRIE ?
CE SIÈGE EST DÉCHIRÉ.
FAIT TROP CHAUD.
ENCORE 12 HEURES !
C'ÉTAIT PAS PAREIL QUAND J'AI PRIS L'AVION L'ANNÉE DERNIÈRE !*
*EH OUI, C'ÉTAIT DIFFÉRENT, CAR QUAND ON EST SEUL, LA POSSIBILITÉ DE ROMANCE ET D'AVENTURE CHANGE TOUT !
ON S'APPRÊTE ENFIN À ATTERRIR...
BEURK !
LA PAUVRE PETITE !
JE T'AVAIS DIT DE PRÉPARER LE SAC À VOMI, BOB !!
BLARG !
ÉVOLUTION INACCEPTABLE
PREMIER EXEMPLE DU MAL DES TRANSPORTS DE SOF... QUI A DURÉ TOUT LE VOYAGE.
HÉ BUNCHE, ON S'AMUSE, PAS VRAI ?
UNE SECONDE, LAISSE-MOI TROUVER MES MARQUES... FAUT QUE JE REGARDE LA CARTE.
KESK'ON FAIT MAINTENANT ?
J'AI FAIM MAMAN !
NOUS SOMMES ARRIVÉS EMPESTANT COMME DES RÉFUGIÉS MALADES VENANT D'UN PAYS INNOMMABLE.
J'ÉTAIS CONTENTE DE TESTER MON FRANÇAIS, QUE J'AVAIS TRAVAILLÉ CHAQUE JOUR PENDANT 6 SEMAINES À LA FAC DE DAVIS...
SORTIE
POOVAY-VOO MAYDAY SEE VOO PLAY MISSYUR ?
BUNCHE, T'ARRIVES MÊME PAS À NOUS TROUVER UN TAXI.
PERSONNE NE NOUS AIDE.
PARDON, QUOI ?
CONNARDS HAUTAINS
JE NE COMPRENDS RIEN !
IL FAIT FROID ICI MAMAN !
ABASOURDIE + DÉPASSÉE !

OUI, CE FUT UN CALVAIRE À BEAUCOUP DE NIVEAUX, JE POURRAIS CONTINUER LES LAMENTATIONS PENDANT DES PAGES...
MAIS CE SERAIT DIFFICILE DE SUSCITER DE LA SYMPATHIE DANS CE CAS!
VOICI MA LISTE:
① ON S'EST FAIT ASPHYXIER PAR LES FANS DE B.D. À ANGOULÊME
② GELÉS PAR DES TEMPÉRATURES GLACIALES
③ J'AI FAILLI ME FAIRE RENVERSER PAR UNE MOTO
④ SOPHIE ET MOI ÉTIONS DANS LA TOUR EIFFEL EN MÊME TEMPS QU'UNE BOMBE...
⑤ MON MARI ÉTAIT D'UNE HUMEUR MASSACRANTE!!!
ET BIEN SÛR, J'AI DÛ M'INTERROGER SÉRIEUSEMENT SUR MES MOTIVATIONS!!
AH OUI, N'OUBLIONS PAS LA FROU-FROU
VOUS SAVEZ, JE SUIS VRAIMENT TRÈS SATISFAITE DE MA 2E RHINOPLASTIE...
VOICI LA CARTE DE MON CHIRURGIEN... VOUS RESTEZ QUELQUE TEMPS À PARIS?
ELLE EST CONNE OU QUOI?
AH SUPER, MERCI... JE VAIS L'APPELER DE SUITE!
ET VOUS AVEZ DIT QUE VOUS PARTIEZ QUAND POUR TAHITI?
BOBO CHIC TOP NIVEAU INTERNATIONAL!
JE DEVAIS RESTER CHARMANTE + AIMABLE... JE VOULAIS LOUER SON APPARTEMENT MAGNIFIQUE AVEC VUE SUR LA TOUR EIFFEL.
MAIS POUR MOI C'ÉTAIT QUAND MÊME ABSOLUMENT FANTASTIQUE... (OUI, JE SUIS UNE PLOUC MAL DÉGROSSIE, NE LE DITES À PERSONNE!)
"PARIS C'EST PASSIONNANT + APAISANT"*
D'UN COUP, J'ADORE ACHETER À MANGER!!
CETTE ATTENTION MINUTIEUSE PORTÉE AUX DÉTAILS ESTHÉTIQUES M'INSPIRE + M'ÉMEUT SANS CESSE!
LA GALÈRE QUOTIDIENNE N'A PAS BESOIN D'ÊTRE DÉPRIMANTE!
*GERT STEIN
BONNES CIGARETTES! VIN PAS CHER! ZÉRO CULPABILITÉ!!
ÇA FAIT BIZARRE DE NE PAS SE SENTIR ALIÉNÉE PAR LES MASSES!!
LES GENS NORMAUX PARLENT D'ART
DOMINIQUE, T'AS VU LE NOUVEAU MUSÉE PICASSO??
PEUT-ÊTRE QUE J'AI MA PLACE ICI!?
OUI, OUI MON AMI
C'EST FORMIDABLE
LES GENS RESTENT ASSIS AU CAFÉ À PARLER...

(1) Balajo : ancienne salle de concert/bal musette à Bastille.
(2) Les Contras (contre-révolutionnaires) : en 1986, Reagan finançait la contre-révolution au Nicaragua pour battre les sandinistes, semant la mort et la terreur.

SEX CRAZED HOUSEWIFE
SERAIT-CE MON CHANT DU CYGNE ?
Mme Feu-au-cul Kominsky-Crumb
SUR LA ROUTE DE L'ÉCOLE
OBÉIS, PESTE !
DINDE + PAIN DE MIE
OH NON, HELMUT !! STP
AÏE
MAMAN... TU M'AS FAIT UN SANDWICH BEURRE DE CACAHUÈTES OU THON POUR MON DÉJEUNER ??
JE NE CONTRÔLE PAS MES PENSÉES...
JE PEUX VOUS AIDER MME CRUMB ?
NON, PAS DOROTHY DE LA BANQUE À POIL !...
OUI, S'IL VOUS PLAÎT
OH NON... M. JOHNSON AUSSI... AU SECOURS... EST-CE QU'ILS BAISENT ?? JE ME DEMANDE !?
MAMAN, JE PEUX AVOIR UNE TORTUE + L'APPELER WALLY ?

MMM... C'EST BON, J'SUIS UN VRAI ÉTALON, HEIN MA BELLE ?!
ALLEZ LÈCHE ÇA CHÉRIE OU TU SERAS PUNIE !
ON ÉCHANGE DOROTHY !
HAN! HAN!
CETTE PESTE N'A PAS INTÉRÊT À TUER MA CHÈRE TORTUE !
PET CETERA
CE PERVERS DE VENDEUR EST EN TRAIN DE ME REGARDER.
IL VEUT ME SAUTER !
VOILÀ 10, 20, 30, 40 ET 50
MERCI
BONNE JOURNÉE !
OUI.
MAMAN, C'EST WALLY, IL ME SOURIT !
D'ACCORD, ON LE PREND, MAIS TU T'EN OCCUPERAS.
JE LE VEUX !
JE PRENDRAI SOIN DE LUI.
IL FAUT L'ESSUYER QUAND IL FAIT CACA ?
JE DOIS ÉMETTRE DES SIGNAUX BIZARRES PARCE QUE... JE SORTAIS D'UN RESTAURANT OÙ JE VAIS SOUVENT, QUAND SOUDAIN...
EAT
JE TE VEUX... JE SUIS FOU DE TOI... JE SUIS AMOUREUX... JE T'EN SUPPLIE...?!
HEY... TOUT DOUX, MEC... ANTONIO, T'ES GENTIL MAIS JE SUIS MARIÉE ET TOI, T'AS 5 ENFANTS, ALORS LÂCHE MON BRAS, TU VEUX ?!
JUSTE DES BISOUS !
NON, ALLEZ, JE DOIS ALLER À UNE RÉUNION DE SCOUTS, LÀ.
ON PEUT SE VOIR EN CACHETTE PLUS TARD ??
NON, VRAIMENT, J'PEUX PAS.
BEN, T'AS L'AIR TRÈS SYMPA MAIS...
J'AI CRU QUE TU ME REGARDAIS, J'AI CRU QUE TU M'AIMAIS BIEN !
SON TOUCHER ME RÉPUGNAIT... MAIS JE L'AVAIS PEUT-ÊTRE RELUQUÉ...
J'AI FAIT DES RÊVES ÉROTIQUES HONTEUX BASÉS SUR UNE VERSION AMÉLIORÉE DE CE LOSER, DANS LESQUELS J'ÉTAIS PLUS QU'ENTHOUSIASTE.
ALLEZ BÉBÉ, MONTE À BORD
ALLEZ BÉBÉ, GRIMPE
MA PREMIÈRE FOIS À UN DRIVE-IN PORNO !

(1) Ace Backwards : dessinateur américain publié dans le magazine *Weirdo*, dont Aline a été un temps rédactrice en chef.

[1] Publié dans *Weirdo* à l'époque.

ALIEN KAZINSKI-CRUMP
SEX CRAZED HOUSEWIFE
OR
My Troubles With Men*
JE LES AIME, JE LES HAIS... J'PEUX PAS M'EN PASSER!!
J'ATTENDS QUE MA LIBIDO DÉCLINE ENFIN!
J'AI HÂTE D'ÊTRE ASSEZ VIEILLE POUR M'EN FOUTRE! J'AURAI LA SAGESSE!!
MAIS POUR L'INSTANT ... CETTE ROBE ME GROSSIT-ELLE?
J'SUIS UNE DE CES PERSONNES QUI S'EST BONIFIÉE AVEC LE TEMPS... QUAND JE RENCONTRE DES MECS, ILS PENSENT QUE J'AI TOUJOURS EU LA COTE AVEC LE SEXE OPPOSÉ...
TU N'AS JAMAIS ÉTÉ REJETÉE, ÇA SE VOIT... T'AS TOUJOURS ÉTÉ MAGNIFIQUE!
OH NON, LOIN DE LÀ!
J'TE CROIS PAS!
PETIT BLANC IMPRESSIONNABLE
LA VÉRITÉ EST QUE J'AI TOUJOURS ÉTÉ UN PEU FORTE ET DOMINANTE POUR MON ÂGE!
AH SALUT RICKY... ALORS, LE CONTRÔLE D'HISTOIRE? J'AI EU 19/20!
BRUTE!
HÉ, FAIS GAFFE À MES FRINGUES, TU VEUX!
QUAND JE SUIS PARTIE SUR LA CÔTE OUEST, LES CHOSES SE SONT AMÉLIORÉES... J'ÉTAIS EXOTIQUE PARMI LES BLONDES...
J'AIME BIEN SA PEAU ROSE TRANSLUCIDE + SES YEUX PÂLES.
WOW, QUELS BEAUX MUSCLES!
J'ADORE TA BELLE PEAU BRONZÉE...
CE CORPS FIN COMME UN CURE-DENT!
J'AVAIS L'EMBARRAS DU CHOIX! ALORS J'AI COMMENCÉ À VRAIMENT AFFINER MES GOÛTS EN MATIÈRE D'HOMMES!
INTELLO
MYOPE
DIFFICILE
SENSIBLE
TIMIDE
PÂLE
MAIGRE
GRAND
LUBRIQUE
L'HOMME PARFAIT
HUM... J'VEUX PAS VRAIMENT UN VIEUX... MAIS J'AIME BIEN LES JEUNES HOMMES QUI RESSEMBLENT À DES PAPIS... MAIS PAS DES PAPIS JUIFS... GENRE VIEIL ANGLAIS PLUTÔT...
* Oui j'ai volé la phrase de mon mari!! Et alors? On a le droit!

* TROP DE RÉGIMES PEUVENT CAUSER LE SYNDROME DE LA MÉNAGÈRE EN CHALEUR... MANGER TROP DE PORTIONS DE 20G DE BLANC DE POULET MAIGRE (ILS SONT BOURRÉS D'HORMONES FEMELLES) PEUT SURSTIMULER LA LIBIDO !!

[1] Erica Jong : écrivaine juive américaine féministe des années 70 qui a longuement raconté ses histoires de femme et de cœur sous l'égide de son alter-ego romanesque Isadora Wing.

OH, LEANN EST EN TRAIN DE SE LÂCHER AVEC UN TYPE LATINO DE JE NE SAIS QUELLE ORIGINE... ELLE AIME BIEN LES MECS EXOTIQUES (JUSTE POUR DANSER BIEN SÛR).
CETTE MUSIQUE DISCO ASSOURDISSANTE COMMENCE À ME TAPER SUR LE SYSTÈME !
LEANN M'A RACONTÉ S'ÊTRE ÉCLATÉE À FAIRE LA FÊTE ET DANSER AU NICARAGUA
J'AURAIS BIEN AIMÉ Y ALLER... ÇA AVAIT L'AIR FOU !
EN ATTENDANT JE VEUX JUSTE ME CASSER D'ICI !!
NOUS PARTONS POUR UNE AUTRE BOÎTE DE NUIT
EST-CE QU'ON ENTRE ?
C'EST TOI QUI VOIS.
TU VEUX FAIRE QUOI ?
J'SAIS PAS TROP, ET TOI ?
ON BOIT JUSTE UN VERRE
D'ACC
QU'EST-CE QU'ON S'ENNUIE DANS CE BLED
JE SAIS... ON DEVRAIT ALLER VIVRE À BERKELEY
EH, EXCUSEZ-MOI MESDEMOISELLES... CONNAISSEZ PAS UN LIEU SYMPA POUR FAIRE LA FÊTE PAR ICI ?
VOUS ALLEZ LÀ ?
Y A PAS GRAND-CHOSE !
ON PEUT SE JOINDRE À VOUS ?
OUAIS, VITE FAIT
DÉSOLÉE DE VOUS DÉCEVOIR, MAIS JE CROIS QU'ON EST UN PEU VIEILLES POUR VOUS !!
EH BEN ÇA DÉCHIRE !
BISTRO
EH OUI, ON SE SOUVIENT DES ANNÉES 50 PARCE QU'ON Y ÉTAIT...
MAUI
Yow!
ZIPPY
ON ÉTAIT ADULTES QUAND KENNEDY S'EST FAIT DESCENDRE !!
COMMENT ÇA, ÇA DÉCHIRE ??
BEN C'EST COOL QUOI !
JE POURRAIS ÊTRE TA MÈRE, FRANCHEMENT !
SI T'ÉTAIS MA MÈRE, TU ME METTRAIS DES FESSÉES ?? !
J'SUIS UN VILAIN !
Yow!
ZIPPY
ON S'EN VA AVANT QUE JE PERDE MON TAF

*OUI LES FANS, J'AI VRAIMENT CETTE MALFORMATION... NE VOUS INQUIÉTEZ PAS, C'EST BÉNIN, MAIS J'AIME BIEN DRAMATISER !!

ANATOMY of the BUNCH BODY
LA BOUCHE DE LA BUNCHE EST COMME UNE FALAISE PAR-DESSUS LAQUELLE LA NOURRITURE EST POUSSÉE... PEU OU PAS DE MÂCHAGE NÉCESSAIRE.
DENTS PETITES + QUASI INUTILES
LA NOURRITURE REBONDIT AU FOND DE LA GORGE AVANT DE SE PROPULSER AU FOND DU GOUFFRE.
LE CORPS DE BUNCHE A SEULEMENT UN REBORD, LÀ OÙ SE SITUE NORMALEMENT L'ESTOMAC.
PARFOIS LA BOUFFE SE POSE LÀ AVANT DE TOMBER PLUS BAS.
CAISSE DE STOCKAGE AU CAS OÙ BUNCHE AURAIT FAIM ENTRE LES REPAS ET LE GRIGNOTAGE.
LA NOURRITURE S'EMPILE AU FOND DU RAVIN.
HUM... JE ME SENS ENFIN UN PEU REPUE... C'EST L'HEURE DU DESSERT.
LE CUL DE BUNCHE S'ÉTIRE POUR SUPPORTER DE LARGES QUANTITÉS DE STOCKAGE.
VOILÀ UNE BUNCHE REPUE !
RÔÔÔT !
ALLEZ, UN FOOTING MAINTENANT !
UNE PETITE PLACE POUR LE TÊTARD DE BUNCHE QUI PROFITE BIEN DES REPAS !
SURPLUS DE STOCKAGE
STOCKAGE D'URGENCE

(1) Schlimeel ou schlemiel : terme yiddish qui signifie bon à rien, raté.

JETONS UN COUP D'ŒIL À LA VIE INTIME DU DR.... ELLE SE DÉTEND...
QUACKERS
NACHO FLAVOR TORTILLA CHIPS
FETZER HOUSE RED
JE N'AI PAS VRAIMENT FAIM... JE MANGE JUSTE QUELQUES CHIPS + UN VERRE DE VIN...
QUAND EST-CE QU'IL RENTRE, MON MARI ?!
OH, CETTE HISTOIRE D'AMOUR EST SI TRISTE... PAUVRES FOUS...
DIS-LE-MOI ENCORE.
JE T'AIME, J'PEUX PAS VIVRE SANS TOI !
SNIF! SNIF!
AHH... J'SUIS TELLEMENT TENDUE... FAUT QUE JE ME DÉTENDE...
MAIS OÙ EST LA POÉSIE ?
DOMMAGE QUE JE NE FUME PLUS.
ELLE N'EN A JAMAIS ASSEZ !
LE FILM EST FINI... LE SAC EST VIDE... PLUS DE VIN...
J'SUIS SEULE...
FETZER HOUSE RED
NACHO TORTILLA CHIPS
UN MOMENT EXISTENTIEL ?!
ET VOILÀ, JE ME SENS MAL... POURQUOI JE FAIS ÇA ??
MERDE, JE SUIS UNE TRUIE !!
DETECTO
ÇA MARCHE PAS !

AH, T'ES ENFIN RENTRÉ... C'EST PAS TROP TÔT !
LES BOUCHONS...
TU ES PARTICULIÈREMENT JOLIE CE SOIR, CHÉRIE !
TRÈS FÉMININE !
FÉMININE ?!
FÉMININE ? ÇA VEUT DIRE GROS CUL + SEINS BOUFFIS. C'EST DÉGOÛTANT !
OUUH, ON A ENVIE DE TE PELOTER !
NE ME TOUCHE PAS, S'IL TE PLAÎT !
QUOI ?! MAIS POURQUOI ?
JE DÉTESTE TELLEMENT MON CORPS... JE NE SUPPORTE PAS QUE TU Y FASSES ATTENTION.
ÇA NE ME SEMBLE PAS TRÈS SAIN COMME ATTITUDE
AH TAIS-TOI, ÇA M'EST ÉGAL... J'AI LE DROIT DE ME DÉTESTER !!
BON D'ACCORD CHÉRIE, MAIS...
JE VEUX JUSTE TE VOIR HEUREUSE, C'EST TOUT !
MAIS NON, T'AS JUSTE ENVIE DE M'ENFILER... TU ME PASSES LA POMMADE... JE LE SAIS... MAIS COMMENT TU PEUX ME DÉSIRER, TU DOIS ÊTRE MALADE !
MAIS SI JE N'ÉTAIS PAS ATTIRÉ PAR TOI, TU NE SERAIS PAS CONTENTE !!
JE POURRAIS ME SUICIDER, AU MOINS !
OH, C'EST PARCE QUE J'ÉTAIS UNE ENFANT MAL AIMÉE !
FLASH-BACK :
SALUT MAMAN... J'SUIS RENTRÉE... M'MAN ?! T'ES LÀ ?!

ZUT... JE VOULAIS LUI RACONTER QUE MARLA SCHWARTZ + LINDA DILLOFF ONT ÉTÉ TROP MÉCHANTES AVEC MOI AUJOURD'HUI...
Je suis à une soirée Mah Jong Sinatra chez Rhea Koenigsberg. Bisous, Maman
P.S. : à manger dans le frigo.
J'ESPÈRE QU'Y A QUELQUE CHOSE DE BON LÀ-DEDANS !
AH. APPAREMMENT JE SUIS CENSÉE MANGER DU YAOURT, DES FRUITS + DU CÉLERI...
MAIS...
MILK HOMOGINIZED
PET EVAPORATED MILK
Pillsbury's BEST XXXX
DANNON YOGURT
AH BAH VOILÀ !
Pecan Pralines
ESKIMO PIES
Chocolate mint-chip ice cream
Sara Banana Cake
AHHH !
"D" MILK HOMOGINIZED
LÀ, TOUT VA BIEN MA CHÉRIE !
MAMAN T'AIME MON BÉBÉ !
chocolate chip cream
SÉRIE TÉLÉ
ALLISON, C'EST TOI QUE J'AIME !
OH, RODNEY
SI SEULEMENT TU N'ÉTAIS PAS UNE PAUVRE PROLO !
ARG... POURQUOI JE NE PEUX PAS RESSEMBLER À MIA FARROW ?
PEUT-ÊTRE QUE SI J'AVAIS LES CHEVEUX BLONDS RAIDES....

RIEN À FAIRE DE TOUT ÇA...
OH, MON VENTRE !
JE ME SENS PRESQUE MALADE !
MAIS PAS ASSEZ MALADE POUR VOMIR !
C'EST COMME ÇA QUE BARBARA KATZ RESTE MINCE.
OH NON, ELLE VA BIENTÔT RENTRER, FAUT QUE JE RANGE CE BAZAR !
SI JAMAIS ELLE REMARQUE CE QUI MANQUE, JE DIRAI QUE C'EST LA FEMME DE MÉNAGE.
FAUDRA QUE JE BRÛLE CE SAC DANS LA CHEMINÉE TOUT À L'HEURE !
WALDBAUMS MORE 4 LESS
TORTILLA CHIPS
HOUHOU, C'EST MOI, CHÉRIE...
VIENS VOIR MAMAN, MA PUCE... DEVINE QUOI ? J'AI GAGNÉ 1,75 $ AU MAH JONG, JE VAIS LES METTRE DANS LA TIRELIRE !!
JE PEUX TE PARLER DE MES PROBLÈMES, S'IL TE PLAÎT ?
PAS MAINTENANT CHÉRIE... JE VAIS FAIRE À MANGER...
EN PLUS, TU ES PARFAITE MA BELLE !
ATTENDS D'AVOIR EU DE LA CHIRURGIE ESTHÉTIQUE ET DES GOMMAGES !!
TU AS À PEINE TOUCHÉ À CE DÉLICIEUX DÎNER QUE J'AVAIS SPÉCIALEMENT PRÉPARÉ POUR TOI, PUISQUE PAPA TRAVAILLE TARD... TU ES MALADE ? JE DEVRAIS PRENDRE TA TEMPÉRATURE !
DÉSOLÉE MAMAN, JE N'AI PAS FAIM
BON, PAS DE PUDDING À LA BANANE CHANTILLY POUR TOI CE SOIR !
SI TU NE MANGES PAS CORRECTEMENT, TU VAS PERDRE TA BEAUTÉ !! TU VAS DÉPÉRIR... TES CHEVEUX TOMBERONT, TES ONGLES SE CASSERONT, CE SERA HORRIBLE !
DRIING
MAIS, COMMENT N'A-T-ELLE PAS REMARQUÉ QUE J'AVAIS VIDÉ TOUT LE STOCK DE DESSERTS ET DE COCHONNERIES ?

(1) Chips de tortillas mexicaines arrosées de cheddar fondu.

(1) Chanson populaire chantée par Shirley Temple dans les années 1930.

QUAND J'AVAIS 4 ANS, MON PETIT FRÈRE EST NÉ, ET NOUS AVONS DÉMÉNAGÉ DANS LA VILLA DE BEAUF MODERNE DONT RÊVAIENT MES PARENTS.
QU'EST-CE QU'IL A, AKKIE?
NON MAIS DE QUOI IL SE PLAINT, CE GOSSE? T'AS VU LA SUPERBE MAISON DANS LAQUELLE IL EST NÉ?!!
OUIN! OUIN!
JE VAIS L'EMMENER CHEZ LE MÉDECIN!
LES CHOSES ONT EMPIRÉ... MON FRÈRE ÉTAIT DIFFÉRENT...
TAPETTE!
IL EST PAS VIVANT, TON MACHIN!
PAUVRE NOUNOURS... IL EST TRISTE
IL VEUT MOURIR.
T'ARRÊTES DE PLEURNICHER!
DONNE-MOI ÇA!
ON VA JOUER AU FOOTBALL!
NON, LAISSE-NOUS TRANQUILLES, J'VEUX PAS!
NE SOIS PAS MÉCHANT AVEC LUI, PAPA!
LA FERME, GRANDE GUEULE!
ALORS, TU VEUX FOUTRE TON GROS PIF DANS LES AFFAIRES DES AUTRES, C'EST ÇA??
COMME SA MÈRE!
IL A RAISON
JE N'Y CONNA
RIEN!
J'ESSAYAIS JUSTE DE PROTÉGER AKKIE!
T'Y CONNAIS RIEN, T'ES QU'UNE PAUVRE FILLE... LES FILLES COMPRENNENT QUE DALLE!! T'AS PIGÉ?
TU VAS LA LAISSER TRANQUILLE, OUI?!
C'EST TOI QUI VAS ME DIRE COMMENT GÉRER CES PESTES, PEUT-ÊTRE?!
BAH OUI! MOI AUSSI J'AI MON MOT À DIRE!
TU PARLES... ET QUI PAYE LES FACTURES ICI?!!
NOUS N'AURIONS MÊME PAS CETTE BELLE MAISON SI MON PÈRE NE L'AVAIT PAS PAYÉE!
TOUT ÇA, C'EST DE MA FAUTE!
JE VIENS D'UNE FAMILLE RESPECTABLE.. PAS DE LA RACAILLE COMME LA TIENNE!
LES FILLES DOIVENT SE TAIRE SINON LES HOMMES PÈTENT UN PLOMB!
ENFANT GÂTÉE DE MERDE... GROSSE POUFFIASSE!
VAS-Y, VA PLEURNICHER AVEC TA MAMAN...
NOUNOURS VEUT MOURIR
JE TE HAIS... JE VAIS APPELER MA MÈRE!
COMPLEXE DE LA MAUVAISE GRAINE

LES AFFAIRES ALLAIENT MAL...
BANDE DE JUIFS RADINS... 6 COMMANDES ANNULÉES AUJOURD'HUI... FAUT QUE JE TROUVE UNE NOUVELLE COMBINE POUR CES PIGEONS!
BONJOUR TOUT LE MONDE, J'SUIS RENTRÉ!
SALES GOSSES!
OÙ EST VOTRE MÈRE?
ELLE PREND LE CAFÉ CHEZ LA VOISINE!
FEI-GNASSE
J'SUIS VOT' PÈRE... MÊME PAS UN BONJOUR NI RIEN?
AH SALUT PAPA... COMMENT S'EST PASSÉE TA JOURNÉE?
POURRIE!
SALUT P'PA!
ET VOUS, VOUS AVEZ FAIT QUOI?
ON A JOUÉ, J'AI FAIT MON COURS DE DANSE CLASSIQUE ET AKKIE EST ALLÉ CHEZ SON PSYCHIATRE
MAMAN AVAIT TRÈS MAL À LA TÊTE!
À TOUT À L'HEURE, ON VA REGARDER NOTRE ÉMISSION!
FORMÉE À L'ÂGE DE 9 ANS
MON DIEU, REGARDEZ-MOI CE CUL!! INCROYABLE... ELLE VA VITE SE TRANSFORMER EN PETITE PUTE!
MAIS TOUJOURS INNOCENTE.
À MA GRANDE HORREUR...
FAUT QUE JE PINCE CE TRUC!
CE BEAU CUL VA T'AIDER DANS LA VIE, POULETTE!
TAIS-TOI PAPA... C'EST SALE... BEURK! NE DIS PAS ÇA!
FAUDRA S'Y FAIRE
JE LE DÉTESTE... N'Y FAIS PAS ATTENTION!
IL EST TELLEMENT ROND + DODU!
C'EST RIGOLO... ELLE EST TOUTE PERTURBÉE!
ET MÊME PIRE...
JE ME DEMANDE SI JE PEUX ÉPILER CES POILS?!
J'VEUX PAS GRANDIR... MÊME SI JE DÉTESTE ÊTRE UN ENFANT ET VIVRE AVEC MES PARENTS!
SEINS QUI POUSSENT*
CUISSES QUI SE FORMENT.
TOUS LES ADULTES AUTOUR DE MOI SONT DÉGOÛTANTS... SURTOUT LES HOMMES... JE LES HAIS!
* ILS N'ONT PAS POUSSÉ PLUS!
J'AI ENTENDU PARLER ARNIE + SON POTE PUNCHIE...
OUAIS PUNCH, FAUT QUE TU VOIES LE CUL DE LA PETITE! PUTAIN IL EST MAGNIFIQUE!
AH OUAIS... JE REGARDERAI ÇA! FAUT LA SURVEILLER DE PRÈS, ELLE AURA ENVIE DE SE FAIRE SAUTER BIENTÔT!
ALORS LÀ, QU'ILS ESSAYENT... JE TUERAI LE PREMIER QUI S'EN APPROCHE!
T'AS BIEN RAISON!

* DÉSOLÉE, IL UTILISAIT DES MOTS TERRIBLES!

* ELLE N'EST TOUJOURS PAS AU COURANT + N'EN SAURA RIEN, SAUF SI ELLE LIT CECI... OU SI VOUS LUI DITES !

Merci Areevwahr Ameriker
pathétiquement romantique?
4x4
ARMES
Drogues
football
C'EST LA MERDE!
nintendo
TORTUES NINJA
RAINBOW
PAIN SPONGIEUX
"Aime-la ou Quitte-la"
Benedict Arnold Bunch
Lycra
sacoches
élément architectural dominant: garage
COTE DU RHONE
baskets
PUIS-JE ABANDONNER UN NAVIRE EN PERDITION??
J'AURAI TOUJOURS MON ACCENT NEW-YORKAIS À COUPER AU COUTEAU!
JE NE SAIS PAS SI JE PEUX SUPPORTER CES BEAUFS UN JOUR DE PLUS! VITE, UN VILLAGE MÉDIÉVAL!
UN FANTASME? POSSIBLE... OUI, JE SUIS UNE INCORRIGIBLE ROMANTIQUE FRANCOPHILE (PLUS OU MOINS), DOUBLÉE D'UNE RÊVEUSE... JE PEUX TOUT DE MÊME FOURNIR QUELQUES CONSTATS INTÉRESSANTS SUR MON PAYS NATAL!
CHARADE EST MON FILM PRÉFÉRÉ!!
DEUX GOTS
CAFE AU D
CHARMANTE MUSIQUE D'ACCORDÉON
PARIS
PENSEZ À TOUS LES ARTISTES ET ÉCRIVAINS CÉLÈBRES QUI ÉTAIENT ASSIS LÀ AVANT MOI!
ESPACE POUR FUTUR PETIT CHIEN
PERSONNE NE SAIT QUE JE SUIS AMÉRICAINE... TANT QUE JE GARDE LA BOUCHE FERMÉE!
ET JE VOUS CONSEILLE DE M'ÉCOUTER... J'EN AI ASSEZ DE M'ENDURCIR* JUSTE POUR SUPPORTER LA VIE AUX USA!!
J'ESPÈRE QUE CES JOLIES FLEURS BLOQUERONT LA VUE DE LEUR DÉTESTABLE "MODE DE VIE".
MAMAN, POURQUOI LA MAISON DES VOISINS RESSEMBLE À UN COMMISSARIAT DE POLICE?
JE CROYAIS AVOIR FUI LA BANLIEUE RÉSIDENTIELLE EN QUITTANT LONG ISLAND.
* NE PAS BOIRE D'ALCOOL M'ÔTE MON BLINDAGE LE PLUS PUISSANT... OUI, JE SUIS SENSIBLE ET NERVEUSE!

(1) "Keep on truckin'" : citation d'une BD de Robert Crumb,
qui signifie « accroche-toi » ou « continue d'avancer », devenue le slogan de Robert malgré lui.

SUITE DES DIATRIBES... CETTE ATMOSPHÈRE CHAOTIQUE DE QUARTIER RÉSIDENTIEL EN EXPANSION CRÉE DES COMPORTEMENTS IRRATIONNELS (SURTOUT CHEZ LES ÂMES ULTRA SENSIBLES COMME MOI)...
VILLAS NEUVES AVEC DE MULTIPLES ANGLES DE TOIT ABSURDES.
JE DOIS TOUT DE SUITE ALLER AU CENTRE COMMERCIAL D'OAK-WOOD-POINT-GLEN... IL ME FAUT UN APPAREIL MÉNAGER ET QUELQUE CHOSE EN LYCRA... PEUT-ÊTRE PLUS DE TROUS DANS MES OREILLES...
EN ROUTE POUR UN CASSE-CROÛTE BIEN GRAS.
VITE, MONTONS DANS MON FIDÈLE BREAK TOYOTA!
CORPS MOUS DANS VÊTEMENTS DE SPORT
DÉTAILS DE COIFFURE
J'AI OUBLIÉ QUE J'ÉTAIS AGORAPHOBE... J'ÉTOUFFE... JE NE SENS PLUS MES BRAS, JE VAIS TOMBER DANS LES POMMES OU VOMIR OU LES DEUX... COMMENT SORTIR D'ICI?
DÉPENSER EST GRATIFIANT!
FRANGE EN ROULEAU DE PQ... PERMANENTE DE CANICHE À L'ARRIÈRE.
SOSIE DE FRANKENSTEIN
FLEUR QUI PARLE
JE DOIS VIVRE PARMI EUX!
ROBE DE SOIRÉE ULTRA DISCOUNT
MACY'S
PEUT-ÊTRE QUE JE FAIS UNE HYPOGLYCÉMIE?!?*
EARTH CRAFT
JE VAIS ESSAYER DE TROUVER UN TRUC À MANGER!
Tastes Like The Real Thing!
STUFFERY
CHIC-A-FIL
FRIED CHICKEN PRODUCT
L'ODEUR DE GRAS ME DONNE FAIM!
99 FILLINGS
COME STUFF ME N' YOU!
UN TACO?
DU YAOURT GLACÉ?
NACHO ITALIAN BROCOLLI CHILI SWEET'N'SOUR TOFU THAI PEANUT YOGURT BACO BIT AVOCADO SUNFLOWER SEEDS... DELI HOT N' SPICY
99¢
Mr. Tato
BUK! BUK! GREAT! BUK!
MACY'S
* D'après les femmes YUPPIES autour de moi, cette pathologie serait la cause de beaucoup de problèmes comportementaux!!
JE SUIS TEMPORAIREMENT RASSASIÉE... APRÈS TOUT, ON M'A ÉLEVÉE POUR RÉAGIR POSITIVEMENT AU MODE DE VIE AMÉRICAIN!
MAIS ATTENDEZ UNE MINUTE! JE NE SUIS PAS À GREAT NECK, NEW YORK... JE NE SUIS PAS MARIÉE À CE BRAVE DENTISTE QUI M'ÉTAIT DESTINÉ...
POST-ADOLESCENTE.
QUI SONT CES GENS QUI M'ENTOURENT?
GLOIRE À DIEU!
LE CHIEN A SENTI QUE JE SUIS JUIVE.
CHRÉTIENS PORCINS EN SURPOIDS, AMATEURS D'EXTÉRIEUR, RACISTES, PROPRIÉTAIRES DE FLINGUES ET DE MAISON, FANS DE SPORT!
DESCENDS!
TYPIQUES GENS DE L'OUEST
IL SUFFIT DE REGARDER NOS PIEDS!!
LES CHAUSSURES, C'EST IMPORTANT POUR MOI... ÇA ME REND DINGUE... TOUT LE MONDE N'A PAS LA CHANCE D'ACHETER SES CHAUSSURES EN EUROPE COMME MOI, MAIS N'EMPÊCHE!!
SUIS-JE UNE SNOB ÉLITISTE?
DÉGOTÉES DANS UNE PETITE BOUTIQUE À MARSEILLE.
MAL FAIT
COULEURS CRIARDES
3 ANS POUR TROUVER CES PÉPITES PARFAITES!
LOOK SPORT PAS CHER
CUIR ITALIEN SUPÉRIEUR
NOIRES, BIEN SÛR
SEMELLES DE GOMME ONDULÉE

(1) En français dans le texte.

[1] Duh : expression années 80, qui signifie à peu près « non mais allô, quoi. » / [2] En français dans le texte.
[3] P.C. : politiquement correct. / [4] Shtetl : village juif d'Europe de l'Est avant la Seconde Guerre mondiale.
[5] Avec son titre, Aline fait référence au livre *A Year in Provence* de Peter Mayle, best-seller sorti en 1989.

* GRAND-MÈRE MATERNELLE

MA MÈRE ÉTAIT RAVIE, MAIS JE N'ÉTAIS PAS CONVAINCUE...
POURQUOI TU NE SORS PAS JOUER... LA PETITE VOISINE EST DEHORS !
D'ACCORD, MAIS ON VA ALLER CHEZ NANNY CE WEEK-END ??
OUI, OUI... ARRÊTE DE ME PRENDRE LE CHOU, TU VEUX !
JE N'ARRIVE PAS À CROIRE QUE JE VIS DANS CETTE MAISON. ELLE EST SI PROPRE ET LUMINEUSE. C'EST CE QUE J'AI TOUJOURS DÉSIRÉ... SI GAIE !
LA MAISON DANS LAQUELLE J'AI GRANDI ÉTAIT SOMBRE ET VIEILLE !
C'ÉTAIT SANS DOUTE LE POINT CULMINANT DE SA VIE !
LA FAÇADE DE LA MAISON ÉTAIT CLINQUANTE, MAIS EN DESSOUS ELLE ÉTAIT BAS DE GAMME... ELLE ÉTAIT ÉPURÉE, FROIDE, LES SURFACES ÉTAIENT LISSES...
BON, JE VAIS ALLER RENCONTRER LA VOISINE.
OH LÀ LÀ, NOTRE MAISON SE FISSURE DÉJÀ... JE VAIS PAS LE DIRE À MAMAN, ÇA VA LA METTRE DE MAUVAISE HUMEUR !
MA NOUVELLE VOISINE S'APPELAIT LINDA DILLOFF... JE L'AI TOUT DE SUITE TROUVÉE CINGLÉE.
SALUT, JE VIENS D'ARRIVER DANS LE QUARTIER, TU FAIS QUOI ?
JE FAIS PIPI DANS LE SABLE, T'AS VU ?
T'AS LE DROIT ? ???
OUAIS, BIEN SÛR, JE FAIS UNE RIVIÈRE POUR CONTOURNER LA MONTAGNE !
DANS LES ANNÉES 70, LINDA EST PARTIE EN INDE, ET JE N'AI PLUS EU DE NOUVELLES DEPUIS.
TU VEUX JOUER AVEC MOI ? TU PEUX FAIRE PIPI AUSSI... ON FERA UN LAC !
JE VEUX BIEN JOUER... MAIS J'AI PAS ENVIE DE FAIRE PIPI... SI J'AI ENVIE, J'IRAI AUX TOILETTES.
D'ACCORD, J'TE MONTRE LES AUTRES TRUCS.
ELLE M'A EMMENÉE DANS UN TERRAIN VAGUE DERRIÈRE NOS MAISONS. IL Y AVAIT DE HAUTS ROSEAUX ET QUELQUES ÉNORMES TUYAUX D'ÉGOUT EN BÉTON.
CE SONT NOS CABANES SECRÈTES... T'EN PARLES À PERSONNE, SURTOUT PAS AUX ADULTES !
D'ACCORD... J'PEUX ENTRER DEDANS ?
OUAIS... MAIS FAUT QUE JE LE DISE À MON FRÈRE BOBBY ET LANCE CHUDNOW... C'EST EUX, LES CHEFS.
ON JOUE AUX GUERRIÈRES DE LA JUNGLE !

[1] Shayna Madela : en yiddish, petite fille chérie.

JE SERAI UNE PRINCESSE ET JE VIVRAI DANS UN CHÂTEAU EN FRANCE* !!
* ÇA S'EST PLUS OU MOINS RÉALISÉ...
EN ATTENDANT, JE TROUVAIS DU RÉCONFORT AUPRÈS DE MA GRAND-MÈRE...
NANNY, JE VEUX VIVRE AVEC TOI... JE N'AIME PAS NOTRE NOUVELLE MAISON... POURQUOI IL A FALLU QU'ON DÉMÉNAGE ?
ALLONS, ALLONS MA CHÉRIE, TES PARENTS ONT VOULU DÉMÉNAGER POUR VOUS OFFRIR UNE VIE MEILLEURE... ILS VEULENT QUE VOUS SOYEZ DANS LES MEILLEURES ÉCOLES...
MAIS Y A RIEN À FAIRE LÀ-BAS... ÇA NE SERA JAMAIS AUSSI BIEN QU'ICI !
TU DOIS PENSER À TON AVENIR, MA PUCE...TU VAS RENCONTRER DES ENFANTS DE BONNE FAMILLE DANS TON NOUVEAU QUARTIER...
ET SI TU ALLAIS AU MARCHÉ ET À LA BOULANGERIE ME FAIRE QUELQUES COURSES, ET JE TE DONNERAI 25 CENTS POUR DES SUCRERIES ?!
D'ACCORD, J'Y VAIS... JE POURRAI ALLER ME BALADER SUR LA PLAGE APRÈS ?
ON VERRA APRÈS LE DÉJEUNER...
D'ACCORD...
J'ADORAIS ME PROMENER DANS MON ANCIEN QUARTIER AUX RUES FAMILIÈRES...
"A", JE M'APPELLE ALINE ET MON MARI S'APPELLE AL... ON HABITE EN AMÉRIQUE ET ON VEND DES ABRICOTS !
LA BOULANGERIE ÉTAIT UN VRAI PARADIS...
COMMENT VA MA JEUNE FILLE PRÉFÉRÉE ?
PASSE LE BONJOUR À TA MAMIE DE MA PART, MON ANGE !
ET VOILÀ, JE SAIS CE QUE TU AIMES !
YOUPI, MIAM, MERCI, M. SHILOWITZ !
EN DERNIER JE M'ARRÊTAIS AU MAGASIN DE BONBONS, SODAS, CIGARETTES ET PETITS JOUETS...
CANDY
MARS
JE VAIS PRENDRE UNE CRÈME AUX ŒUFS À LA VANILLE ET UN COUSSIN PÉTEUR !

J'ESPÈRE QU'ONCLE HARVEY* EST CHEZ LUI... J'POURRAI TESTER MON NOUVEAU COUSSIN PÉTEUR!
J'AI ENVIE DE TREMPER MES PIEDS DANS L'OCÉAN.
* C'EST LE PETIT FRÈRE DE MA MÈRE
COUCOU NANNY, J'SUIS RENTRÉE... ONCLE HARVEY EST LÀ?
OUI OUI, IL EST AU SALON, IL FAIT SES DEVOIRS - DEVANT LA TÉLÉ BIEN SÛR.
J'PEUX REGARDER LA TÉLÉ AVEC LUI?
D'ACCORD, MAIS NE L'EMBÊTE PAS CHÉRIE... TU SAIS COMBIEN IL EST ANGOISSÉ!*
OK, JE SERAI SAGE.
* ONCLE HARVEY ADULTE EST GAY ET ASSEZ HYSTÉRIQUE.
SALUT HARVEY, C'EST MOI!
CHUT, J'SUIS CONCENTRÉ, NE ME PARLE PAS!
MAIS LA TÉLÉ EST ALLUMÉE...
C'EST DIFFÉRENT, JE N'Y FAIS PAS ATTENTION...
J'PEUX CHANGER DE CHAÎNE ALORS?
NON! TU TOUCHES PAS, MORVEUSE!
NE ME TRAITE PAS DE MORVEUSE, J'LE DIRAI À NANNY!
SOIS PAS DÉBILE... VAS-Y, CHANGE DE CHAÎNE, JE M'EN FICHE!!
C'EST PAS PARCE QUE JE VEUX REGARDER AUTRE CHOSE QUE JE SUIS DÉBILE... TU NE REGARDES RIEN, TOI!
OUAIS, OUAIS, C'EST ÇA, FERME-LA, TU VEUX!?
JE M'EN FOUS... JE NE VEUX PLUS REGARDER LA TÉLÉ D'ABORD... JE VAIS RESTER ASSISE LÀ COMME ÇA!
ARRÊTE DE SECOUER LA JAMBE... TU "TRICOTES POUR LE DIABLE"!
C'EST PAS VRAI, JE REMUE LA JAMBE NORMALEMENT!
TU ARRÊTES TOUT DE SUITE... ÇA M'INSUPPORTE!
ONCLE HARVEY S'EST ENFIN LEVÉ POUR ME CHASSER ET J'AI RÉUSSI À POSER MON COUSSIN PÉTEUR...
HÉHÉ HÉ!
GRRRR!
WHOO CUSHI
IL S'EST ASSIS DESSUS, ET IL S'EST FAIT GRONDER POUR M'AVOIR COURU APRÈS PARCE QU'IL ÉTAIT PLUS ÂGÉ QUE MOI.

(1) Succès des années 50, chanté par Dean Martin et Sophia Loren, entre autres.

JE PRÉFÈRE SOUVENT LES GENS SAOULS AUX GENS PERPÉTUELLEMENT SOBRES... MAIS C'EST UNE AUTRE HISTOIRE ! REVENONS À CE MODE DE VIE BEAUF TYPIQUE DE L'APRÈS-GUERRE DANS LEQUEL MA FAMILLE EST TOMBÉE...
ON EST COMMENT, DANS NOS TENUES MÈRE-FILLE ?
ÇA GRATTE MAMAN ! ÇA TE GRATTE PAS ?
OK... BOUGEZ PLUS !
SHHHHH, SOURIS !
VOUS ÊTES SUPERBES LES FILLES.
MES PARENTS SE SONT IMPLIQUÉS DANS LA GUERRE DES APPARENCES DES JUIFS MODERNES... MAIS ILS ÉTAIENT LOIN D'ÊTRE LES PIRES... LA FAMILLE CHUDNOW D'EN FACE S'EST CARRÉMENT SURPASSÉE !
MURRAY CHUDNOW ÉTAIT TRÈS FIER DE LUI ET IL ADORAIT PARLER DE SES DÉPENSES À TOUT LE MONDE.
ARNIE, REGARDE-MOI ÇA, C'EST DU MARBRE ITALIEN DE PREMIER CHOIX, ÇA VIENT DE CARRARA EN ITALIE... ILS L'ONT APPORTÉ PAR BATEAU... T'IMAGINES CE QUE ÇA M'A COÛTÉ ??
C'EST FABULEUX MURRAY... MAIS MAINTENANT BLABETTE ME MET LA PRESSION POUR CHEZ NOUS !
C'EST UNE BONNE IDÉE ARNIE, ÇA FAIT MONTER LA VALEUR DU BIEN IMMOBILIER !
DOMMAGE QUE JE M'EN METTE PAS PLEIN LES FOUILLES COMME TOI EN VENDANT DES TAPIS À DES CHAUVES STUPIDES !
À VRAI DIRE, J'SUIS UN PEU SOUS PRESSION CES JOURS-CI...
J'AI ENTENDU QUE STUDEBAKER FAIT FAILLITE ! *
T'ES ENCORE JEUNE, T'AS PLEIN DE POTENTIEL !
BOF, LA FAMILLE DE TA FEMME EST BLINDÉE, NON ?
* ARNIE AVAIT UNE CONCESSION DE VOITURES DE LA MARQUE STUDEBAKER-NASH ET ILS ONT EFFECTIVEMENT FAIT FAILLITE !
PENDANT CETTE PÉRIODE, MES PARENTS ONT COMMENCÉ À VRAIMENT MAL S'ENTENDRE ET NOTRE VIE FAMILIALE EST DEVENUE UN ENFER...
MON PÈRE AVAIT RAISON, T'ES UN RATÉ !
T'ES MINABLE, T'ES QU'UN INCAPABLE !
T'ES UN RATÉ, UN RATÉ, UN RATÉ !
FERME TON SALE CLAPET, ESPÈCE DE GARCE POURRIE GÂTÉE... T'AS PAS LEVÉ LE PETIT DOIGT DE TA VIE !
TU CONNAIS RIEN À LA VRAIE VIE... 'SPÈCE DE SALOPE, MAUDITE SALOPE !

JE ME DEMANDE LEQUEL VA TUER L'AUTRE ?!
CRASH
ET S'ILS MEURENT TOUS LES DEUX ET QUE JE DEVIENS ORPHELINE ??
BOUM
P'T'ÊTRE QU'ILS VONT JUSTE DIVORCER !
J'SAIS PAS AVEC QUI JE PRÉFÉRERAIS VIVRE.
JE TE HAIS !
JE HAIS MA VIE !
PAUVRE CONNE !
GRRR
TU CASSES TOUT !
TU PERDS LA BOULE !
AVEC LE RECUL, JE ME DIS QUE CETTE CONDUITE DEVAIT SÛREMENT LES STIMULER SEXUELLEMENT...
PLUS TARD, ILS SE CALMAIENT ENFIN ET JE RESTAIS ALLONGÉE DANS LE NOIR, MON PETIT CERVEAU EN ÉBULLITION.
JE ME DEMANDE SI LES AUTRES PARENTS SE DISPUTENT COMME EUX ?? J'PENSE PAS... ÇA DOIT ÊTRE À CAUSE DE MOI... FAUT QUE JE SOIS PLUS SAGE... FAUT QUE JE SOIS PARFAITE... JE PEUX GÉRER, JE SAIS QUE JE PEUX GÉRER !*
*DÉPENSÉ DES FORTUNES EN THÉRAPIE À PARLER DE ÇA !
POUR AGGRAVER LES CHOSES, ARNIE VENAIT DANS MA CHAMBRE... PAS POUR ME CONSOLER... MAIS POUR SE FAIRE CONSOLER !
TU M'AIMES, N'EST-CE PAS ?
OUI PAPA
TU PENSES QUE J'SUIS UN RATÉ ?
BIEN SÛR QUE NON
BON SANG, J'AI TOUT FOIRÉ DANS MA VIE...
T'INQUIÈTE PAS, TOUT VA S'ARRANGER...
QUAND "L'HOMME" DE LA FAMILLE SE TRANSFORME EN UNE ÉPAVE PLEURNICHARDE, CE N'EST PAS TERRIBLE POUR LE GOSSE !
COMMENT JE PEUX AMÉLIORER LES CHOSES POUR PAPA ET MAMAN ?
SI PAPA M'A DEMANDÉ CE QUE JE PENSE DE LUI, C'EST QU'IL EST VRAIMENT PERDU... COMMENT IL PEUT S'OCCUPER DE NOUS ??
JE NE VOIS PAS LES PAPAS DE MES AMIS SE COMPORTER COMME ÇA...
J'DIRAI RIEN À PERSONNE !
SI J'ALIGNE PARFAITEMENT MES POUPÉES ET MES DOUDOUS EN RANG, TOUT IRA MIEUX POUR NOTRE FAMILLE !
S'ILS NE SONT PAS PARFAITEMENT DROITS, QUELQUE CHOSE DE MAL VA ARRIVER !

JE SUIS TOUJOURS CETTE MÊME PETITE FILLE, À PLEIN D'ÉGARDS... JE NE QUITTE JAMAIS LA MAISON SANS AVOIR FAIT LE LIT!
OH QU'ELLES SONT JOLIES, MES P'TITES CHAUSSURES... TOUTES ALIGNÉES BIEN EN RANG!
J'AI TOUJOURS TOUTES MES POUPÉES D'ENFANCE BIEN RANGÉES DANS MA CHAMBRE!
JE N'AI AUCUNE IDÉE DE CE QUE JE PENSE OU CE QUE JE RESSENS... MAIS JE PEUX FAIRE BRILLER CE SOL COMME DU CRISTAL!
COMME MA GRAND-MÈRE
RETOURNONS À WOODMERE, LONG ISLAND... OÙ ÇA CONTINUE À SE DÉTÉRIORER PHYSIQUEMENT ET MENTALEMENT...
QUAND VAS-TU ENFIN RÉPARER LE MUR DE LA SALLE DE BAINS? ON VIT COMME DES BÊTES, ET T'EN AS RIEN À FAIRE!
J'AI D'AUTRES SOUCIS, BORDEL! ARRÊTE DE ME SAOULER... TU ME TAPES SUR LE SYSTÈME!
JE TE SAOULE? COMBIEN DE FOIS JE DOIS TE DEMANDER AVANT QUE TU TE BOUGES LE CUL?? TU AS REMARQUÉ TOUT LE SUPERBE TRAVAIL QU'A FAIT MURRAY CHEZ LUI?? HEIN?? C'EST MAGNIFIQUE! ET MOI, JE VIS DANS UN TAUDIS!
ÇA VA, ÇA VA, T'AS GAGNÉ, JE PASSERAI LE WEEK-END À RÉPARER LA SALLE DE BAINS, SI TU VEUX BIEN LA FERMER...
TU VEUX UNE TAPETTE OBÉISSANTE POUR MARI COMME MURRAY? VOILÀ, C'EST FAIT!
ARNIE S'EST VENGÉ... LE PROBLÈME ÉTAIT QUELQUES CARREAUX MANQUANTS SUR LE MUR... DISGRACIEUX, MAIS...
LA SOLUTION RAPIDO D'ARNIE ÉTAIT BIEN PIRE... DES PANNEAUX EN PIN BAS DE GAMME!
OÙ EST PASSÉE LA FENÊTRE DE LA SALLE DE BAINS, PAPA?
ÇA SERT À RIEN, UNE FENÊTRE DANS UNE SALLE DE BAINS! TU REGARDES JAMAIS DEHORS, SI??
JE ME SOUVIENS PLUS!

PUIS ARNIE A COMMENCÉ À EXPRIMER SES PROPRES IDÉES DÉCO BIZARRES...
ÇA ROULE, MON PETIT ?
CECI N'EST PAS UN JACUZZI... C'EST UN BASSIN AVEC DES HOMARDS !
JE NE SAIS PAS S'IL FAISAIT ÇA POUR CHOQUER, PAR COMPÉTITION AVEC LES VOISINS OU PAR PURE FOLIE...
C'EST L'ÉMISSION D'ARNIE... ET VOICI NOTRE PRÉSENTATEUR !
C'EST L'HEURE DE NOURRIR LES PIRANHAS !
C'EST HORRIBLE !
J'AI PEUR QU'ILS SORTENT ME MANGER !
VOICI VOS BURGERS LES GARS ! MIAM MIAM, BON APP' !
AQUARIUM ENCASTRÉ, TRÈS ANNÉES 50
EN ATTEIGNANT L'ADOLESCENCE, JE SUIS DEVENUE DE PLUS EN PLUS CONSCIENTE DE L'ABERRANTE ÉTRANGETÉ QUI RÉGNAIT CHEZ NOUS...
ALINE, ON VA CHEZ TOI APRÈS L'ÉCOLE POUR UNE FOIS ? ON VA TOUJOURS CHEZ MOI.
AH... PAS AUJOURD'HUI... HUM, HEU... MA MÈRE EST MALADE... UNE AUTRE FOIS, OK ?
AWRENCE HIGH
AMERICAN HISTORY
ART
TOUS MES AMIS ÉTAIENT TRÈS RICHES ET VIVAIENT DANS DE GRANDES ET BELLES DEMEURES... JE LES ENVIAIS ET J'EN VOULAIS À MES PARENTS D'ÊTRE DES INCAPABLES.
JE SERAIS HEUREUSE SI J'HABITAIS DANS LA MAISON DE CAROLE, C'EST SÛR !
C'EST TELLEMENT CLASSE ET ÉLÉGANT, JE N'AURAIS JAMAIS HONTE.
JE MEURS DE FAIM, J'ESPÈRE QUE MA MÈRE A FAIT DES BROWNIES !
OUAIS... CE SERAIT GÉNIAL... MMM... AVEC UN BON COCA...
J'ÉTAIS MALIGNE, ET JE FAISAIS LE PITRE* POUR FAIRE DIVERSION, QU'ILS NE M'OBSERVENT PAS DE TROP PRÈS !
REGARDE, J'SUIS UN OUBANGI, JE PEUX METTRE MES LUNETTES DANS MA BOUCHE !
OH NON ! DIS DONC ! TON VISAGE EST EN CAOUTCHOUC !
* À CE JOUR, J'EN FAIS TOUJOURS DES TONNES !
J'ÉTAIS TOUJOURS COMPLEXÉE ET TERRIFIÉE À L'IDÉE QUE MES AMIS DÉCOUVRENT MA DIFFÉRENCE ET MON INFÉRIORITÉ !
T'ES UNE COMIQUE, ALINE !
OUAIS, TU FAIS DE CES TRUCS !
POURQUOI J'SUIS PLUS COSTAUD QUE LES AUTRES ?
J'Y PEUX RIEN, J'SUIS COMME ÇA !

(1) Paroles d'une chanson des Fugs.

(1) Paroles des Beatles.
(2) Festivals de hippies basés sur l'amour libre, les psychotropes et la connexion.

JE LUI AI TÉLÉPHONÉ PLUS TARD ET IL M'A VUE, ENCEINTE... IL N'A PAS DIT GRAND-CHOSE, JE CROIS QU'IL ÉTAIT SOUS LE CHOC... MAIS POUR LA PREMIÈRE FOIS DE MA VIE, IL M'A PARLÉ COMME À UNE ADULTE !
ÇA TE CHOQUE DE ME VOIR COMME ÇA ?
OUAIS, MAIS T'AS DU CRAN - DE GÉRER ÇA TOUTE SEULE !
TA MÈRE SERAIT HYSTÉRIQUE SI ELLE SAVAIT !!
C'EST CE QUE JE ME SUIS DIT.
À VRAI DIRE, RACONTER CETTE HISTOIRE A RAVIVÉ UNE COLÈRE SOUS-JACENTE ENVERS MA MÈRE !
QUELLE HYPOCRITE PURITAINE CONFORMISTE PLEINE DE JUGEMENTS, CELLE-LÀ !!
EN PLUS ELLE EST DANS UN ÉTAT DE DÉNI HYSTÉRIQUE !
AH, BAH J'AI PLUS ÇA SUR LE CŒUR, ÇA VA MIEUX !
ELLE EST TRÈS FÂCHÉE À CAUSE DE CERTAINES CHOSES QUE J'AI DITES DANS LE FILM "CRUMB"... MAIS ÇA NE M'EMPÊCHE PAS DE DIRE CE QUE JE PENSE D'ELLE, HAUT ET FORT !
VOUS PENSEZ QUE QUELQU'UN LUI MONTRERA CE BOUQUIN ?!
C'EST DRÔLE COMMENT CES TRUCS D'ADOS REMONTENT À LA SURFACE À L'ÂGE MÛR.
ELLE NE ME COMPREND TOUJOURS PAS... ELLE ME CONSIDÈRE ENCORE COMME UNE RATÉE ET ELLE NE M'A JAMAIS DONNÉ L'AMOUR ET L'APPROBATION TANT DÉSIRÉS !!
MAIS CES DERNIERS TEMPS J'AI TROUVÉ D'AUTRES MOYENS DE SATISFAIRE MES BESOINS !
QU'EN PENSERAIT MON EX-PSY ? RIEN À FOUTRE, JE M'ÉCLATE !
AH PARDON, JE DIVAGUE... DONC J'AI ACCOUCHÉ D'UN PETIT GARÇON EN JUIN 1967 ET JE L'AI DONNÉ À L'ADOPTION.
JE ME SOUVIENS QU'IL AVAIT LES CHEVEUX BLONDS ET LES YEUX BLEUS... L'AGENCE D'ADOPTION ME L'A MIS DANS LES BRAS AVANT DE ME FAIRE SIGNER LES PAPIERS.
JE NE L'AI TOUJOURS PAS DIT À MA MÈRE... SI ÇA SE TROUVE, ELLE LE SAIT !
AB
LES INFIRMIÈRES RELIGIEUSES DE L'HÔPITAL ÉTAIENT MÉCHANTES.
J'ESPÈRE SINCÈREMENT QU'ON NE VOUS REVERRA PLUS ICI !
JE SERAI SAGE, PROMIS.
CETTE CROIX EST EFFRAYANTE !
MAIS JE N'AI JAMAIS REGRETTÉ MES CHOIX, COMPTE TENU DE LA SITUATION !*
EH... SI Y A UN GARS DE 30 ANS QUI LIT ÇA, NÉ LE 17 JUIN 1967 À N.Y.C., VOUS POURRIEZ ÊTRE MON FILS BIOLOGIQUE... MAIS SI VOUS DÉCIDEZ DE ME CONTACTER, GARDEZ BIEN EN TÊTE QUE JE N'AI AUCUNE IDÉE DE QUI EST VOTRE PÈRE !
EH OUI, J'ÉTAIS UN PEU FRIVOLE !
* L'AVORTEMENT ÉTAIT ENCORE ILLÉGAL À L'ÉPOQUE.

(1) « She's having fun after living alone for so many years... » : extrait de « She's Leaving Home » des Beatles (de l'album *Sgt. Pepper's Lonely Heart Club Band*).

(1) Quartier chic au nord-est de Manhattan, à l'opposé du East Village.

C'EST TOTALEMENT HALLUCINANT... UNE PLANTE QUI A 1000 ANS !
J'AI L'IMPRESSION DE TRIPER SANS AVOIR RIEN PRIS... C'EST FOU ! TOUT DE MÊME, CE SERAIT COOL DE TROUVER DU PEYOTL ET S'ENFONCER DANS LE DÉSERT !
J'ÉTAIS ÉTONNAMMENT HEUREUSE LOIN DE NEW YORK... COMME BEAUCOUP DE NEW-YORKAIS, JE PENSAIS QUE N.Y. ÉTAIT LE CENTRE DE L'UNIVERS ET N'IMPORTE OÙ AILLEURS ÉTAIT FORCÉMENT UN TROU NOIR - UN VIDE CULTUREL - OÙ JE TOMBERAIS DANS L'OUBLI À TOUT JAMAIS !
CES PETITES MAISONS EN ARGILE SONT À CROQUER. INCROYABLE DE POUVOIR VIVRE DANS UN TRUC AUSSI CHOU POUR TROIS FOIS RIEN !
AH OUI, J'OUBLIAIS : MON MARIAGE AVEC CARL KOMINSKY N'A PAS DURÉ TRÈS LONGTEMPS.
IL S'AVÈRE QUE JE ME FICHAIS ROYALEMENT D'ÊTRE LOIN DU "CENTRE" DU MONDE !
PREMIÈRE FOIS QUE JE RENCONTRE UN INDIEN YAQUI !
MAIS TOI T'ES PAS LA PREMIÈRE JUIVE DE N.Y. QUE JE RENCONTRE !
AH BON ?
OUAIS MAIS C'EST COOL !
TOUTE RELATION EST BASÉE SUR L'ÉCHANGE...
QUELQU'UN A DIT UN JOUR "ON PEUT ALLER JUSQU'AUX CONFINS DU MONDE, ON Y TROUVERA TOUJOURS UNE JUIVE CINGLÉE !". C'EST SÛREMENT VRAI... ET JE SUIS FIÈRE D'EN ÊTRE UNE !
MON VOISIN D'À CÔTÉ À TUCSON N'ÉTAIT AUTRE QUE KEN WEAVER, LE BATTEUR DES FUGS DONT J'ÉTAIS UNE GROUPIE À 15 ANS. J'AVAIS POURCHASSÉ KEN SANS RELÂCHE PENDANT DES ANNÉES...
J'ESPÈRE QU'IL A OUBLIÉ MES TENTATIVES PATHÉTIQUES POUR ATTIRER SON ATTENTION
TA TÊTE ME DIT QUELQUE CHOSE
QUELLE BOMBE !
OUAIS... JE TRAÎNAIS PAS MAL DANS LE VILLAGE DANS LES ANNÉES 60...
OUAIS, ON A DÛ SE CROISER.
J'ÉTAIS PASSÉE DE PESTE BOUTONNEUSE DE 15 ANS À UNE HIPPIE SEXY DE 23 ANS...
JE ME SUIS FAIT PLAISIR AU MAX ! POUR LA PREMIÈRE FOIS J'AVAIS DES AMOUREUX ET DE LA DROGUE À VOLONTÉ, ET PAS DE LIMITES !
AHH... CETTE BEUH EST VRAIMENT PLANANTE !
ON VA MANGER DES BURRITOS ?
OUAIS, AVEC DES BIÈRES !
J'AI TOUJOURS CES BOTTES EN CUIR
MA MAISON ÉTAIT ORIGINALE... UNE BICOQUE EXCENTRIQUE - MOITIÉ BUS, MOITIÉ CABANE - POUR 50$ PAR MOIS.
IL Y AVAIT UNE FLEUR MAGIQUE QUI POUSSAIT DANS LE JARDIN, APPELÉE LA "CEREUS NOCTURNE FLEURISSANTE".

(1) Coors : bière bon marché.

[1] *Wimmen's Comics*: première anthologie de bandes dessinées féministes underground.

MA PREMIÈRE BANDE DESSINÉE "GOLDIE, UNE FEMME NÉVROSÉE" ÉTAIT CRUE ET PRIMITIVE, MAIS DOULOUREUSEMENT HONNÊTE !
GLOU GLOU !
BUVANT ET FUMANT À GOGO...
SALOPE JUIVE DÉSORIENTÉE EN SURPOIDS
CHIENS ERRANTS QUI ME SUIVENT...
PAS MAL DE FEMMES DANS LE COLLECTIF D'ARTISTES FÉMINISTES ONT TROUVÉ MOI ET MES HISTOIRES DE MAUVAIS GOÛT !
JE M'DEMANDE POURQUOI ??
MON AUTODÉRISION ME FAIT RIRE... C'EST ÇA QUI ME BRANCHE !
POURQUOI T'ES SI DURE AVEC TOI-MÊME ? TU DEVRAIS AVOIR UNE MEILLEURE IMAGE DE TOI.
DÉSOLÉÉÉÉ ! JE NE ME VOIS PAS D'UN ŒIL HÉROÏQUE...
ET TU NE DEVRAIS PAS MONTRER TES JAMBES... ELLES SONT ÉNORMES !!
PARDON ? PUTAIN, MAIS J'SUIS FIÈRE DE MES JAMBES FORTES, MOI !!
TU PRÉFÈRES UN MANNEQUIN OU UNE PRINCESSE BARBIE COMME EXEMPLE POSITIF POUR LES FEMMES ??
C'EST À CETTE PÉRIODE QUE J'AI RENCONTRÉ MON FUTUR MARI, ROBERT CRUMB*
TÊTE À CLAQUES, MAIS L'AIR SOLIDE
T'AS DES JOLIS GENOUX !
VRAIMENT ?? JE NE LES VOYAIS PAS COMME ÇA.
EN-CHANTÉE... J'ADORE TON TRAVAIL !
MON AMI M'A DIT QUE C'ÉTAIT UN PERVERS MAIS IL A L'AIR GENTIL ET HUMBLE.
OH, BAH MERCI !
*POUR BEAUCOUP D'ARTISTES FÉMINISTES C'ÉTAIT LE PIRE DES PORCS MISOGYNES !
IL Y A QUELQUE CHOSE EN LUI QUI ME TOUCHE... MAIS J'VEUX PAS TOMBER AMOUREUSE MAINTENANT, J'VEUX RESTER LIBRE !
J'AIMERAIS TESTER TA FORCE !
EH REGARDE COMMENT J'SUIS FORTE !
INCROYABLE, ELLE M'ENCOURAGE CARRÉMENT !
VAS-Y, GRIMPE, J'TE FAIS FAIRE UN TOUR... COMME DANS TES BD !
MONTRE TOUJOURS SES MUSCLES QUAND ELLE EST BOURRÉE.
FAIT INSOLITE : ROBERT AVAIT DÉJÀ CRÉÉ UN PERSONNAGE DE BD PORTANT LE MÊME NOM DE FAMILLE QUE MOI AVANT DE ME CONNAÎTRE... VOUS VOUS RAPPELEZ, "HONEYBUNCH KAMINSKI" ???
PEU APRÈS NOTRE PREMIÈRE RENCONTRE, J'AI FAIT UN RÊVE PRÉMONITOIRE... À LA SURFACE, IL N'AVAIT RIEN À VOIR AVEC MES DÉSIRS DU MOMENT...
RÊVE D'UNE PETITE MAISON BLANCHE ENTOURÉE DE COLLINES JAUNES ET DE GRANDS CHÊNES VERTS, ET MOI ACCOMPAGNÉE D'UN GRAND MAIGRE À LUNETTES ET D'UNE PETITE FILLE BLONDE BOUCLÉE !
JE M'ÉCLATE AU MAX !
BEUH D'ENFER ?
COKE ?
UNE BIÈRE ?
JE VEUX TOUT !
JE PORTAIS DES MICRO-SHORTS ET PLEIN DE MECS ME TOURNAIENT AUTOUR... LA DROGUE NE ME RENDAIT PAS ENCORE PARANO !

DÉROUTÉE PAR MES DÉSIRS, ET VOULANT ÉVITER LES CHOSES COMPLIQUÉES, JE SUIS PARTIE EN VIRÉE AVEC MA COPINE ANGEL TREAD...
ELLE CONDUISAIT ET JE COPILOTAIS + REMPLISSAIS LA PIPE À BEUH!
AHH, J'AI HÂTE DE REVOIR DE BEAUX COWBOYS EN SELLE!
ARIZON
IMPOSSIBLE DE DESSINER LES VOITURES... C'ÉTAIT UNE VIEILLE MERCEDES ROUGE
NOUS NOUS ÉCHAPPIONS TOUTES LES DEUX POUR DES RAISONS DIFFÉRENTES... ANGEL ALLAIT BIENTÔT RENCONTRER SON FUTUR MARI LORS D'UNE CROISIÈRE AVEC SA MÈRE... ET QUEL FUT MON CHOC QUAND ROBERT S'EST POINTÉ À BOULDER DANS LE COLORADO, OÙ JE SQUATTAIS AVEC DES AMIS EN PLANIFIANT DE FAIRE DU BUSINESS. (JE NE SAIS TOUJOURS PAS COMMENT IL A FAIT POUR S'ACHETER UN BILLET D'AVION TOUT SEUL!)
JE PARS SUR-LE-CHAMP SI TU VEUX PAS ME VOIR.
NON... C'EST JUSTE QUE JE SUIS TRÈS SURPRISE DE TE VOIR ICI!
TU RESPIRES LA SANTÉ DIS DONC!
OUAIS, JE VIS PLEIN D'AVENTURES EN CE MOMENT... UN CHIEN SAUVAGE A VOLÉ MA CHAUSSURE AU NOUVEAU-MEXIQUE, ALORS J'AI DÛ M'ACHETER UNE NOUVELLE PAIRE DE JOLIES BOTTES!
APRÈS DES RETROUVAILLES ROMANTIQUES À L'HÔTEL, ON A ÉCHANGÉ QUELQUES DESSINS ORIGINAUX CONTRE UNE CHEVROLET 1937 ET JE NOUS AI RAMENÉS EN CALIFORNIE.
PERSONNE NE JOUE AVEC MOI COMME TOI...
OH, TU M'AS MANQUÉ, MON PETIT PONEY...
ON A DÉCIDÉ DE TENTER DE VIVRE ENSEMBLE, ALORS J'AI EMPRUNTÉ 1000$ À MA MÈRE ET J'AI ACHETÉ UNE CARAVANE DE 1950 QUE J'AI POSÉE À CÔTÉ DE LA CABANE DE ROBERT DANS LE COMTÉ DE MENDOCINO, CALIFORNIE.
FIERTÉ DE PROPRIÉTAIRE DÉBUTANTE...
ON A DÉCOUVERT QUE NOS COLLECTIONS ÉTAIENT COMPLÉMENTAIRES, ET QU'ON AIMAIT LES CHOSES BIEN RANGÉES... J'AVAIS MES POUPÉES ET IL AVAIT SES VOITURES ET SES SOLDATS.
ROBERT ÉTAIT IMPRESSIONNÉ PAR MON PETIT CHEZ-MOI PROPRE ET CHARMANT... JE CROIS QUE ÇA A ÉTÉ MON MEILLEUR ARGUMENT DE VENTE...
KATHY, LA COPINE DE ROBERT ET SON EX-FEMME DANA ÉTAIENT TOUTES LES DEUX TELLEMENT BORDÉLIQUES QUE ÇA ME METTAIT EN VALEUR!
ROBERT... J'TROUVE PAS MON JEAN PRÉFÉRÉ... C'EST POUR ÇA QUE JE METS DES PLOMBES À ME PRÉPARER...
PIZZA
DRING DRING
KATHY ÉTAIT MIGNONNE + SEXY... MAIS...
PICKLES

*AU FIL DU TEMPS ROBERT S'EST TRANSFORMÉ D'"ATTARDÉ" EN "ADORABLE", QUAND MA MÈRE A DÉCOUVERT QUE LA JEUNESSE AUTOUR D'ELLE L'ADMIRAIT, ET QU'EN PLUS, IL GAGNAIT BIEN SA VIE...

* PUTAH SIGNIFIE PUTE EN ARGOT MEXICAIN...

* 30 ANS PLUS TARD, APRÈS ÊTRE PARTIS VIVRE EN FRANCE, NOUS SOMMES REVENUS VOIR NOTRE MAISON QUE NOUS AVONS TROUVÉE NICHÉE DANS UNE FORÊT VERDOYANTE ET OMBRAGÉE!

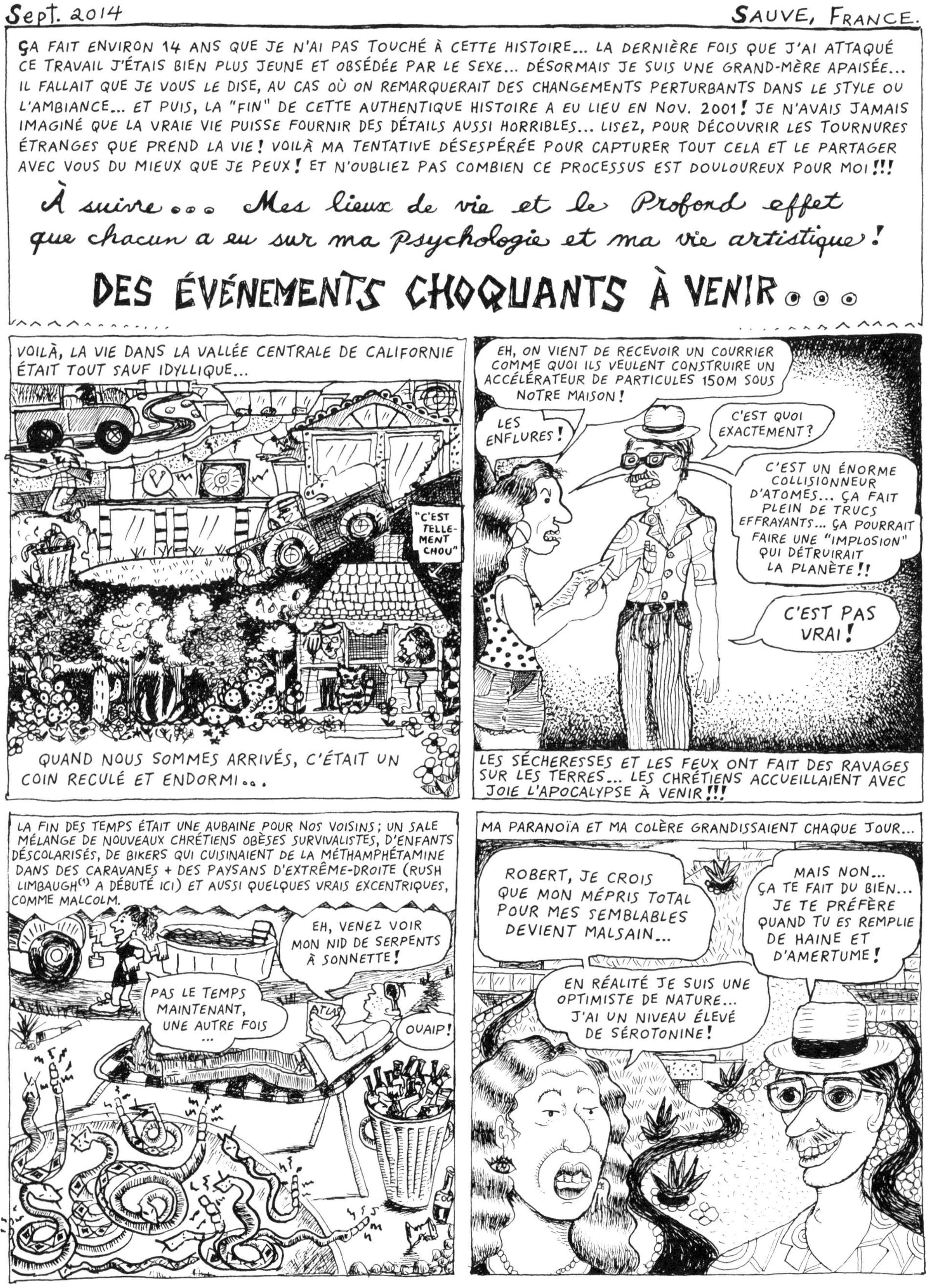

(1) Rush Limbaugh : producteur et animateur de radio d'extrême-droite, mort en 2021.

(1) Chuckie Cheese : chaîne de restos fast-food avec animations pour enfants.

SOPHIE ÉTAIT TRÈS SOCIABLE, POPULAIRE ET CHARISMATIQUE... LA MAISON ÉTAIT TOUJOURS PLEINE DE GOSSES...
*COMME IL N'Y AVAIT PLUS DE COURS DE DESSIN À L'ÉCOLE PUBLIQUE EN CALIFORNIE, ROBERT ET MOI ENSEIGNIONS CHACUN NOTRE TOUR DANS LA CLASSE DE SOPHIE !
AUJOURD'HUI NOUS ALLONS TOUS DESSINER UNE CARICATURE RIGOLOTE DE NOUS-MÊMES...
MAIS MADAME CRUMB, VOUS RESSEMBLEZ À ÇA DANS LA VRAIE VIE...
C'EST PAS RIGOLO !
VOUS VOYEZ COMME J'AI EXAGÉRÉ? J'AI FAIT MON NEZ BEAUCOUP PLUS GROS QU'EN VRAI !
YO NO LO COMPRENDO
C'EST CHOUETTE DE FAIRE RIRE LES GENS !!!
* LE GOUVERNEUR REAGAN A COUPÉ LE BUDGET DE L'ÉDUCATION POUR QUE LES RICHES PAYENT MOINS D'IMPÔTS !
UN JOUR JE SUIS ALLÉE À L'ÉCOLE ET LA MAJORITÉ DES ÉLÈVES ÉTAIENT ABSENTS... IL N'Y AVAIT QU'UNE GOSSE DE HIPPIE, UNE MEXICAINE + SOPHIE !
WOW FAROUT !
YO NO LO COMPRENDO
AH BAH C'EST UN PETIT GROUPE SYMPA... FAISONS UN PROJET CHOUETTE... UN CADAVRE EXQUIS !
SOPHIE, TU PEUX EXPLIQUER À JUANITA !
MAMAN, J'AI DÉJÀ FAIT ÇA MILLE FOIS !
J'AI DEMANDÉ À UNE AMIE INSTITUTRICE CE QUI SE TRAMAIT...
DIS, EST-CE QUE TU SAIS POURQUOI IL N'Y A PRESQUE AUCUN ÉLÈVE DANS MON COURS?
OUI, OUI... FIGURE-TOI QUE LE PASTEUR A DIT AUX PARENTS CHRÉTIENS QUE TU ÉTAIS UN SUPPÔT DU DIABLE... ET QUE LEURS ENFANTS NE DEVRAIENT PAS ÊTRE MIS EN TA PRÉSENCE...
RHO, QUELLE BANDE DE MOUTONS IGNORANTS !
C'EST VRAIMENT TORDU... ET ANTI-SÉMITE PAR-DESSUS LE MARCHÉ !
TU AS RAISON, CROIS-MOI, JE SUIS CONSCIENTE DE TOUTES CES CONNERIES !!
ET MÊME PIRE...
ET PUIS LE DIRECTEUR DE L'ÉCOLE M'A DEMANDÉ POURQUOI JE PRENAIS LE CAFÉ AVEC TOI LA SEMAINE DERNIÈRE.
AH... ET ALORS ??
EH BIEN, IL M'A DEMANDÉ CE QUE JE FAISAIS AVEC LA FEMME DU PORNOGRAPHE PÉDOPHILE.
L'AMBIANCE N'EST PAS TERRIBLE PAR ICI CES JOURS-CI...
OUAIS... ÇA RESSEMBLE UN PEU À L'ALLEMAGNE NAZIE DES ANNÉES 30 !
PLUS TARD AVEC ROBERT...
C'EST JUSTE UNE QUESTION DE TEMPS AVANT QU'ILS BRÛLENT UNE CROIX DANS NOTRE JARDIN !
OU CASSENT NOS VITRES !
* OU CRÈVENT NOS PNEUS !
FINI, LE DESSIN À L'ÉCOLE DE SOPHIE... DOMMAGE, ILS EN AVAIENT BIEN BESOIN !
* C'EST BIEN ARRIVÉ, MAIS C'ÉTAIT LES DEALERS DE MÉTHAMPHÉTAMINE D'À CÔTÉ.

L'AMBIANCE ÉTAIT VRAIMENT SINISTRE... J'AI DÉCIDÉ DE REFAIRE LA DÉCO, POUR COMPENSER...
TURQUOISE
BLANC
JAUNE
FUSCHIA
NOUS AVONS AJOUTÉ UNE CHARMANTE TERRASSE STYLE CARAÏBES À NOTRE PETITE MAISON, ET ON VENAIT À PEINE DE S'ASSEOIR POUR EN PROFITER !
C'EST QUOI CE BOUCAN ?
NOTRE PIRE CAUCHEMAR VENAIT D'ARRIVER... NOTRE NOUVEAU VOISIN "DAVE" ET SON PETIT LABORATOIRE DE MÉTHAMPHÉTAMINE ALLAIENT S'INSTALLER JUSTE EN FACE DE CHEZ NOUS...
QUELQUES JOURS PLUS TARD : J'AI ESSAYÉ D'ÊTRE POLIE ET DE ME COMPORTER COMME UNE "GONZESSE SYMPA" AVEC DAVE...
SALUT... JE M'APPELLE ALINE CRUMB, MON MARI ROBERT ET MOI VIVONS À CÔTÉ, AVEC NOTRE GOSSE ET NOS CHATS ET JE VEUX JUSTE SIGNALER QUE C'EST UN QUARTIER TRÈS CALME ET AGRÉABLE, + JE SUIS SÛRE QUE VOUS ALLEZ RESPECTER ÇA !
J'VEUX PAS D'EMMERDES !
SALE BOURGE !
MALHEUREUSEMENT, SES POTES ET LUI ÉTAIENT DES SOCIOPATHES ENDURCIS, RÉPUGNANTS ET VIOLENTS !!
DAVE A RÉUSSI À FAIRE FONCTIONNER SON LABO DE MÉTH, ET ÇA PUAIT... ET IL N'AVAIT PAS DE TOILETTES... IL CHIAIT N'IMPORTE OÙ... ET IL ÉCOUTAIT DU HEAVY METAL À FOND EN PERMANENCE !
C'EST L'ENFER SUR TERRE LÀ-BAS ! C'EST PIRE QUE TOUT !!
ALINE, TU PEUX ALLER DIRE À DAVE DE BAISSER SA MUSIQUE ?
EN FIN DE COMPTE, LA FAMILLE QUI VIVAIT AU-DESSUS L'A DÉNONCÉ AUX SERVICES DE SANTÉ PUBLIQUE... MAIS IL A BIEN SÛR PENSÉ QUE C'ÉTAIT MOI.

(1) McManoir : pour désigner des demeures immenses et modernes, construites très rapidement.

N.B. : Tout ce qui est en français dans le texte original sera en **gras** dans les pages suivantes de ce récit.

(1) Valley Girl : nunuche blanche, style pom-pom girl des années 80.
(2) Alan Dershowitz : avocat juif célèbre dans les années 80 pour avoir défendu O.J. Simpson.

LA MAISON AVAIT UNE ODEUR FAMILIÈRE ET RÉCONFORTANTE DE BOIS VERNI, DE SOLS CIRÉS, DE TISSUS ANCIENS, DE VIN QUI FERMENTE, ET D'UN PEU DE FUMÉE DE CIGARETTE ET D'HUILE DE CHAUFFAGE... ÇA SENTAIT COMME CHEZ MA GRAND-MÈRE...
MADAME, VOTRA MAYZONE EH MAGNIFIQUE*!
MAY JE KWAH KE ON AH PAH ASSAY D'ARJANT*...
VOUS AIMEZ CETTE MAISON? ON DIRAIT UN CHÂTEAU HANTÉ!
ALLEZ, FAITES UNE OFFRE... JE DISCUTERAI AVEC MAMAN...
* MADAME VOTRE MAISON EST MAGNIFIQUE, MAIS JE CROIS QU'ON N'A PAS ASSEZ D'ARGENT!
LE MAXIMUM ON PUH OFFRIR EH 400 000 FRANCS.*
JE SAY... SAY PAH BOWKOO... MAY SAY VRAYMANT TOOT NOTRAH ARJANTE*!
C'EST UNE INSULTE, C'EST ÉVIDENT QUE CETTE MAISON EST UNE VRAIE MAISON DE MAÎTRE... ELLE EST EXCEPTIONNELLE!
JEM BOWKOO VOTRAH MAYZON... MAY JE KWOH KE SAY TROP SHER POR NOOW*...
JE VOUS APPELLERAI APRÈS MON DÉJEUNER AVEC MAMAN!
* LE MAXIMUM QU'ON PEUT OFFRIR C'EST 400 000 FRANCS. JE SAIS, C'EST PAS ASSEZ, MAIS C'EST VRAIMENT TOUT NOTRE ARGENT! J'AIME BEAUCOUP VOTRE MAISON... MAIS JE CROIS QUE C'EST TROP CHER POUR NOUS.
APPAREMMENT NOTRE OFFRE N'ÉTAIT PAS SI MAUVAISE, CAR "MAMAN" A ACCEPTÉ!
ET VOILÀ LA DRÔLE D'HISTOIRE...
NOUS AVIONS VISITÉ LA MAUVAISE MAISON... ELLE N'ÉTAIT MÊME PAS À VENDRE!
CELLE QU'ON DEVAIT VISITER ÉTAIT À DEUX PORTES ET "MADAME" RIGAL EN ÉTAIT LA PROPRIÉTAIRE.
LA NÔTRE APPARTENAIT À UNE AUTRE FAMILLE RIGAL ET NOUS AVONS RENCONTRÉ "MADEMOISELLE" RIGAL... ELLE NE S'ÉTAIT JAMAIS MARIÉE ET VIVAIT AVEC SA MÈRE DE 98 ANS!
PLUS TARD, NOUS AVONS VISITÉ L'AUTRE MAISON EN QUESTION, ET NOUS AVONS SENTI UNE MAUVAISE ÉNERGIE!!
PLUS TARD, UN AMI A DEMANDÉ À MADEMOISELLE RIGAL POURQUOI ELLE NOUS AVAIT OUVERT ET FAIT VISITER LA MAISON SI ELLE N'ÉTAIT PAS À VENDRE?!
ELLE A RÉPONDU QUE LA MAISON ÉTAIT VIDE DEPUIS 9 ANS ET QU'ELLE VENAIT FAIRE LE MÉNAGE TOUTES LES SEMAINES... ELLE SAVAIT QU'ELLE POURRAIT LA VENDRE MAIS ELLE ATTENDAIT UN SIGNE DU BON DIEU! DONC QUAND NOUS, LES ÉTRANGERS BIZARRES, AVONS DÉBARQUÉ SUR SON PALIER, ELLE SAVAIT QUE C'ÉTAIT LÀ UN SIGNE DES CIEUX... DE VENDRE LA MAISON!
BREF... J'AI PLUS OU MOINS LA MÊME MENTALITÉ QU'ELLE... C'EST JUSTE QUE JE NE L'EXPRIME PAS DE LA MÊME MANIÈRE!
NOUS AVONS DONC ACHETÉ CETTE MAISON MÉDIÉVALE (LA PARTIE LA PLUS ANCIENNE DATE DU 13E SIÈCLE), CHARMANTE, NOBLE, INCHAUFFABLE, DÉCRÉPITE ET DINGUE... ET 25 ANS PLUS TARD, ON LA RETAPE TOUJOURS!
COMMENT ALLONS-NOUS REMPLIR CETTE MAISON* ??
MAINTENANT QUE J'AI DE LA PLACE, JE VAIS POUVOIR ACHETER PLEIN DE DISQUES 78 TOURS POUR MA COLLECTION!
NOTRE MAISON EN CALIFORNIE COMPORTAIT 4 PIÈCES... CELLE-CI EN A 13!
TU SAIS, IL PARAÎT QU'ON PEUT TROUVER PLEIN DE CHOSES ART DÉCO PAR ICI, ET PAS CHER!
OUAIS, LES FRANÇAIS N'AIMENT PAS LES TRUCS DES ANNÉES 20 ET 30... TROP DE MAUVAIS SOUVENIRS!
HIVERS TRÈS FROIDS ICI
* MAINTENANT, CHAQUE PIÈCE EST REMPLIE À RAS BORD... JE NE PEUX METTRE UN NOUVEAU MEUBLE QUE SI JE ME DÉBARRASSE DE QUELQUE CHOSE!
ON S'EST RÉGALÉS À FAIRE LES PUCES, LES BROCANTES ET LES EMMAÜS (COMME L'ARMÉE DU SALUT EN MIEUX).
OH LÀ LÀ... IL Y A DES KILOMÈTRES DE BUFFETS, DE LITS, DE TABLES ET D'ARMOIRES ART DÉCO MAGNIFIQUES À TOMBER... MAIS OÙ SONT TOUS LES ANTIQUAIRES HOMOS? ILS NE SONT PAS AU COURANT QU'IL Y A ÇA?!?
QUELLE DÉCO DE FOLIE
REGARDE, CETTE SUPERBE ARMOIRE COÛTE TROIS FOIS RIEN!
300 F = 50 $
COMBIEN DE BUFFETS ON PEUT METTRE CHEZ NOUS, À TON AVIS?
ELLE EST HYSTÉRIQUE! J'AI ENVIE DE LUI VERSER DE L'EAU FROIDE DESSUS.
ON N'A PAS FAIT DE LISTE DE CE DONT ON A BESOIN?
JE CRISE!

NOTRE FAMILLE A TRAVERSÉ PAS MAL D'ÉPREUVES DEPUIS QUE NOUS VIVONS DANS CE BEL ENDROIT (ET COMME LE FAIT SOUVENT REMARQUER ROBERT, C'EST ENTIÈREMENT DE MA FAUTE!)
J'AI MAL AU VENTRE... J'VEUX PAS ALLER À L'ÉCOLE!
IL Y A QUELQUE CHOSE QUI NE VA PAS À L'ÉCOLE? LES AUTRES ENFANTS SONT GENTILS AVEC TOI?
CARTABLE PESANT ENVIRON 8 KG.
NON... ILS ME TROUVENT BÊTE PARCE QUE JE NE PARLE PAS FRANÇAIS... ILS M'APPELLENT LA GROSSE AMÉRICAINE!
OH, JE SUIS DÉSOLÉE SOF, C'EST VRAIMENT MÉCHANT...! TU PEUX RESTER À LA MAISON AUJOURD'HUI SI TU VEUX...
CULPABILITÉ JUSTIFIÉE!
NON, JE DOIS Y ALLER, J'AI UN CONTRÔLE!
UNE ANNÉE ENTIÈRE DE MAUX DE VENTRE!
J'ESPÈRE QUE ÇA LUI FORGE LE CARACTÈRE!
PAUVRE SOF EST PASSÉE DE PETITE CALIFORNIENNE POPULAIRE ET INSOUCIANTE... À ÇA!!!
FRANCE JE TE HAIS
MAIS RASSUREZ-VOUS, CETTE PHASE N'A PAS DURÉ!
UN AN PLUS TARD...
SOF JOUAIT DE LA BASSE DANS UN GROUPE DE ROCK ("LES JAX"*), ILS JOUAIENT LES CLASH ET ÉCRIVAIENT DES CHANSONS!
ILS FAISAIENT PLEIN DE CONCERTS ET AVAIENT PLEIN DE FANS DANS LE COIN!
N'OUBLIE PAS, J'AI RÉPÈT' APRÈS L'ÉCOLE... JE RENTRE PAS!
TU TE SOUVIENS QUE J'AI EU UNE RÉUNION PARENT-PROF HIER? EH BIEN TU AS EU "LES FÉLICITATIONS". ÇA VEUT DIRE QUE TU ES DANS LES MEILLEURS DE TA CLASSE!
BRAVO!
ET ON A UN CONCERT SAMEDI SOIR!
TOUT LE MONDE PEUT DORMIR ICI APRÈS?
OUI D'ACCORD
N'ESSAYE PAS DE PARLER FRANÇAIS AVEC MES POTES, STP, OK??!
OK.
* LES "JAX", QUI ONT TOUS LA TRENTAINE ET DES ENFANTS À PRÉSENT, ONT RÉCEMMENT FAIT UN CONCERT-RETROUVAILLES DE LEUR GROUPE SUR LA PLACE DU VILLAGE... C'ÉTAIT SUPER!
DONC SOF EST DEVENUE UNE ADO INSUPPORTABLE, À LA FRANÇAISE... ROBERT EST SOUVENT REPARTI AUX ÉTATS-UNIS POUR VOIR SES AMIS, ET SURTOUT SES PETITES AMIES! MOI, J'ADORAIS ÊTRE SEULE DANS MON BEAU MANOIR HANTÉ... JE SORTAIS SEULE AUX NOMBREUSES FÊTES DE VILLAGE... ET VOILÀ! LE NATUREL REVIENT AU GALOP!
JE SUIS CHRISTIAN... JE SUIS IMPRIMEUR. J'AIME BIEN TON TRAVAIL.
AH... OUI, MERCI. GÉNIAL... MAIS DÉSOLÉE, JE PARLE PAS TRÈS BIEN LE FRANÇAIS...
TRÈS NULLE EN DRAGUE, NE CAPTE PAS LES SIGNAUX!
YOU CAN APPRENDRE LE FRANÇAIS AVEC MOI!
MOUAIS... C'EST POSSIBLE, PEUT-ÊTRE??
CETTE RELATION CONTINUE ENCORE 23 ANS APRÈS...
CROYEZ-LE OU PAS, CE CHARMANT FRANÇAIS M'A FAIT LA COUR... JE N'AI PAS FAIT ATTENTION JUSQU'À CE QU'IL POSE SA PUISSANTE MAIN SUR MA CUISSE!
YOU LIKE ZE WINE MADE BY MON AMI?
OUI, C'EST TRÈS BON!
HYSTÉRIQUE ET STRESSÉE... DOIT ÊTRE SAOULE POUR SE DÉSINHIBER!
DEVIENT PLUS BEAU AVEC CHAQUE VERRE DE VIN...
IL PARLAIT TRÈS PEU ANGLAIS, ALORS J'AI APPRIS UN DRÔLE DE FRANÇAIS AVEC CHRISTIAN... JE PEUX JURER COMME UN MARSEILLAIS, MAIS AVEC L'ACCENT NEW-YORKAIS... J'AI AUSSI APPRIS LES PARTIES DU CORPS EN ENSEIGNANT LE YOGA... ET LES ÉLÉMENTS DE PLOMBERIE QUAND LES TOILETTES SE CASSAIENT! ET J'AI DÉCOUVERT LE VRAI SENS DU MOT "GALANT"!!!
LA ROSE EST BELLE COMME TOI... ET J'AI ÉCRIT UN POÈME!
AUCUN HOMME NE M'A JAMAIS DONNÉ UNE FLEUR!
PAS VRAI?
POST-DISPUTE
ROBERT NE FERAIT JAMAIS ÇA! MAIS EN MÊME TEMPS ON NE S'ENGUEULE JAMAIS!
LE RÔLE DE LA FEMME... BÊTE DE SOMME!
PAS COOL D'ÊTRE VU PORTANT LES COURSES

(1) 2024, il est encore là, en bonne santé !

À quoi sert une vieille Bunche ?

(1) Aline a toujours été obsédée par le cancer et lisait énormément sur ce sujet. Les gènes BRCA sont des gènes dont les variations prédisposeraient au cancer.

ARNOLD "ARNIE" GOLDSMITH,
LE PÈRE D'ALINE, À PARIS EN 1945.

FANNY ET JOE ROSENBERG,
LES GRANDS-PARENTS MATERNELS D'ALINE.

ANNETTE ET ARNIE, CIRCA 1949.

ANNETTE ET ARNIE GOLDSMITH, 1947.

ANNETTE ET ARNIE, LES PARENTS D'ALINE,
JEUNE COUPLE MARIÉ.

BÉBÉ ALINE, 1949.

QUATRE GÉNÉRATIONS :
SOPHIA "BUBBY" LEIBOWITZ
(ARRIÈRE-GRAND-MÈRE D'ALINE),
FANNY "NANNY" ROSENBERG
(GRAND-MÈRE), ANNETTE (MÈRE),
ET ALINE, 1953.

FANNY "NANNY" ET JOE ROSENBERG,
LES GRANDS-PARENTS MATERNELS, 1953.

AVEC JOE, SON GRAND-PÈRE ADORÉ.

AVEC SA GRAND-MÈRE ADORÉE,
CIRCA 1954.

POSTFACE PAR HILLARY CHUTE

En 2013, alors que je co-dirigeais un numéro spécial de *Critical Inquiry*, Aline Kominsky-Crumb m'envoya une brillante bande dessinée de deux pages intitulée « À quoi sert une vieille Bunche ? » (p. 210-211, elle fut publiée dans le numéro aux côtés de deux interviews d'elle.) Le titre fait référence au surnom – la Bunche – qu'elle donne à son propre personnage dans ses bandes dessinées. Elle l'a choisi en partie parce qu'il « sonnait répugnant », a-t-elle expliqué. Le titre fait également référence à une histoire reprise ici, publiée pour la première fois presque 35 ans plus tôt, intitulée « À quoi sert une Bunche ? » (p. 83-85). Dans cette bande célèbre et controversée, Kominsky-Crumb tente de répondre à cette question sur elle-même par des constats qu'accompagnent des cases surchargées dans son style reconnaissable, maladroit et expressif.

La liste comprend bon nombre de constats négatifs au-dessus d'exemples illustrés : « La Bunche ne sait pas dessiner » ; « Son manque de confiance en elle la rend vantarde lorsqu'elle se laisse aller » ; « À jeun, la Bunche est méchante et ne peut s'empêcher de rabaisser les gens !! ». Après treize constats du même tonneau, Kominsky-Crumb conclut son histoire par deux autres qui sont positifs : elle adore faire du shopping, et « sa passion animale et son profond masochisme en font le parfait objet sexuel de certains mecs ! ». L'image montre la Bunche bouche ouverte, en T-shirt et culotte à pois, chevauchée par un homme qui la traite comme une jument, lui tire les cheveux et lui frappe les fesses.

« À quoi sert une Bunche ? » irrita certains lecteurs par son évidente et implacable autodépréciation, et plus particulièrement le fait que l'autrice-protagoniste considère comme un point positif d'être réduite à un rôle d'objet sexuel. Mais pour d'autres – dont je suis – cette œuvre est fascinante et demeure un classique de Kominsky-Crumb : elle est éloquente, drôle, ironique et intime. De manière significative, elle refuse également de s'écarter de son propre désir de sujet, fût-il inhabituel ou « incorrect ». Kominsky-Crumb revendique son objectification comme un désir actif. Comme l'indique Maggie Nelson dans son essai remarqué *Les Argonautes*, l'expression sexuelle n'est pas une question de bien ou de mal : il s'agit plutôt de trouver les personnes dont les perversions sexuelles sont compatibles avec les siennes. Et Kominsky-Crumb dessine peut-être, de sa main simple et malhabile, des exemples de sa paresse et de sa rustrerie, mais elle dessine également une scène de plaisir sexuel : « Vilaine ! Vilaine ! », crie la Bunche à l'homme juché sur son dos, exprimant sa jouissance. « Punis-moi ! Punis-moi ! »

Il y avait à l'époque peu de récits – en bandes dessinées ou ailleurs – rendant compte de la richesse et de la variété des vies de femmes, montrant la réalité de l'abjection et du plaisir, et de tout ce qui se situe entre. Les bandes dessinées de Kominsky-Crumb jettent un regard pertinent sur les existences compliquées et contradictoires que vivent les femmes. Ces bandes ont changé ma vie ainsi que celle de beaucoup d'autres lectrices. « À quoi sert une vieille Bunche ? » se termine sur un clin d'œil à l'histoire originale, dans une grande case qui montre Aline à quatre pattes, son petit-fils sur le dos. « Est-ce malsain ? », se demande-t-elle. « J'espère que non... parce qu'on s'amuse bien ! ». Aline Kominsky-Crumb n'est absolument pas vieille – elle a plus de vigueur et d'effervescence que beaucoup de jeunes gens que je connais – mais le moment est bien choisi pour examiner les quatre décennies (et plus !) de son impact comme dessinatrice, éditrice et créatrice de tendance. Le type d'œuvre qu'elle a inventé, manifeste dès sa première bande dessinée publiée, « Goldie, a Neurotic Woman » (dans le premier numéro de *Wimmen's Comics*), a été de mieux en mieux accepté et est même devenu mainstream à présent. Comme l'a justement remarqué le *Huffington Post* en 2017 à propos de l'œuvre de Kominsky-Crumb : « C'est un humour autobiographique sans remords que les jeunes femmes peuvent reconnaître aujourd'hui dans des séries télévisuelles telles que *Girls*, *Broad City* ou *Fleabag*, donnant la part belle à des personnages de femmes négligées, complexes, sexuelles ou, comme on les décrit souvent, "difficiles". » Nous regardons aujourd'hui ce type d'histoires sur des plateformes de médias mainstream comme HBO ou Amazon, mais dans les années 1970, il était rare pour une femme de se placer – la bonne, la brute et la truande – au centre d'histoires comme le faisait Kominsky-Crumb. C'était rare y compris dans le contexte sans limites des bandes dessinées underground, où les hommes et les femmes responsables du développement du « roman graphique » tel que nous le connaissons aujourd'hui publiaient leurs bandes dessinées en marge de la production mainstream, de ses réseaux de distribution et de ses structures commerciales. L'œuvre généralement considérée comme la première autobiographie en bande dessinée, *Binky Brown Meets the Holy Virgin Mary*, comic book unique et précurseur dont le sujet était la culpabilité catholique et le trouble obsessionnel compulsif, n'a paru qu'en 1972. Kominsky-Crumb, inspirée par Green, a publié ses propres bandes dessinées autobiographiques – premières œuvres de ce type par une femme – un peu plus tard la même année.

Même au sein du monde des bandes dessinées underground, qui valorise la destruction des tabous, Kominsky-Crumb a abattu bien des barrières, particulièrement par l'attention constante qu'elle portait au corps. Parmi d'autres images révolutionnaires, *Goldie* (le titre fait référence au nom de jeune fille de Kominsky-Crumb, Goldsmith) décrit la souffrance corporelle de la puberté et de l'adolescence – « J'étais une limace géante vivant dans un fantasme de bonheur futur... » ; pénibles images mentales d'érections paternelles ; relations sexuelles avec des tas d'hommes différents et masturbations avec des légumes. Dans une vignette, Goldie regarde droit devant elle, cherchant le regard du lecteur : « Je me sentais en permanence excitée et coupable. » L'histoire se termine avec Goldie découvrant qu'elle avait « beaucoup de putentiel » (les fautes d'orthographe font délibérément partie de l'univers de Kominsky-Crumb) et déménageant à San Francisco, l'épicentre de la bande dessinée underground : « Je suis partie pour vivre selon mes goûts ! » Le reste, comme on dit, appartient à l'histoire. Kominsky-Crumb a débarqué dans le monde de la bande dessinée underground et y a fait son chemin, inventant un langage d'une tonalité complexe, esthétique, courageux et drôle, ouvrant ainsi la voie aux histoires autobiographiques crues en bande dessinée.

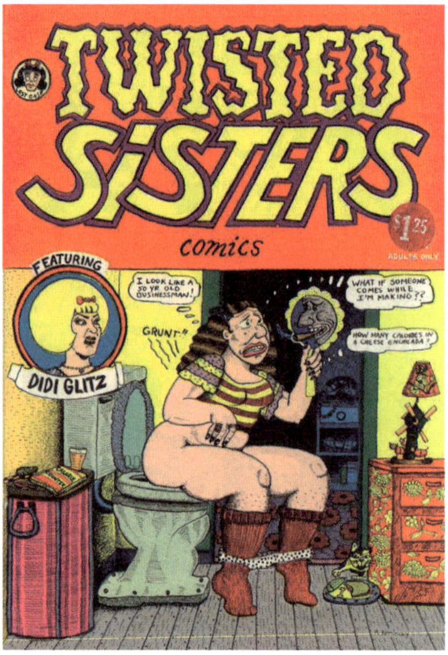

Couverture de *Twisted Sisters* #1 (1976)

Au sein même du collectif féministe qui a produit *Wimmen's Comics*, l'œuvre de Kominsky-Crumb tranchait par son attention remarquable aux fonctions primaires du corps féminin, qu'elles soient douloureuses ou plaisantes – et par sa façon de produire toute cette œuvre à la première personne. Ce souci de saisir l'expérience quotidienne du corps se voit dans « La Bunche se tripote » (p. 27-28), une histoire datée de 1975 en deux pages composées d'une suite de cases identiques qui raconte un jour de la vie de la Bunche : extirpant un point noir ; se grattant le derrière et reniflant son doigt ; mangeant un sandwich, se masturbant, bronzant dehors, attrapant un coup de soleil, faisant la sieste. « Mon corps est une source infinie de divertissement ! » dit la dernière case. Une telle œuvre fait de toutes les fonctions du corps une provocation – le récit ralentit pour qu'on voie bien le grattage, le reniflement et le gros plan de la vulve de la Bunche pendant qu'elle « joue avec elle-même ».

En 1976, Kominsky-Crumb rompit avec le collectif des *Wimmen's Comics* et lança avec Diane Noomin leur propre titre, l'anthologie *Twisted Sisters*. « Leur représentation des femmes était héroïque et glamour » expliqua-t-elle dans une interview avec Peter Bagge. « Ce n'était pas ma façon de voir. » La fameuse couverture antihéroïque de *Twisted Sisters* la représente assise sur les toilettes, se mirant dans un miroir de poche, grognant et s'inquiétant de ses calories. « Je déconstruisais complètement le mythe ou le romantisme attaché au fait d'être une femme » m'a dit Kominsky-Crumb.

« J'étais vulgaire, grossière. J'adorais provoquer les gens. » Le récit de ses années de formation adolescentes, « La jeune Bunche, une non-aventure, non romantique » (p. 13-24) a été publié dans le premier numéro de *Twisted Sisters*. Dans cette histoire, comme dans toutes les autres, Kominsky-Crumb mêle l'humour et une frivolité ironique à un contenu sombre, particulièrement dans la description du sexe (il est ici question de viol). Elle reconnaît la tradition des comiques juifs – Alan King, Jackie Mason, Milton Berle – comme une influence majeure, ce qu'elle appelle « une certaine forme d'humour juif fataliste », qui court dans toute son œuvre.

Kominsky-Crumb publia également ses histoires autobiographiques dans plusieurs publications underground, dont *Arcade* : *The Comics Revue*, fondée par Art Spiegelman et Bill Griffith (1975-1976), *Power Pak*, son comic book personnel (1979-1981) et *Weirdo*, la célèbre revue fondée par le dessinateur Robert Crumb, dont Kominsky-Crumb fut la rédactrice en chef pendant sept ans. Avec Crumb, qu'elle épousa en 1978, elle a également édité *Dirty Laundry* et *Self Loathing*, qui reprenaient les bandes dessinées autobiographiques du couple. Leurs histoires à quatre mains ont paru dans *The New Yorker* à partir de 1995, et beaucoup ont été reprises dans le recueil *Parle-moi d'amour. Love That Bunch*, son premier album paru en 1990, dont vous tenez en main l'édition française, regroupe en ordre plus ou moins chronologique vingt-neuf histoires qui débutent dans son enfance et s'achèvent à la quarantaine. Toutes ont pour sujet les liens entre genre, sexualité et subjectivité.

Couverture de *Weirdo* #27 (1990)

Quand je l'ai interviewée à ce sujet il y a une dizaine d'années, Kominsky-Crumb a souligné que son travail n'avait jamais eu aucun succès. « *Twisted Sisters* n'a eu aucun impact... Nous n'avions aucun retour ; les ventes étaient nulles. » Elle ajouta, faisant référence à ses comic books aussi bien qu'à *Sacrée Bunche* : « Je n'ai jamais eu aucun succès. D'aucune sorte. Je n'ai eu aucune réaction, ni du monde des Beaux-Arts, ni de celui de la bande dessinée. » Pour partie au moins, cela tient à son style très personnel. Kominsky-Crumb vient des Beaux-Arts. Elle a grandi à Woodmere, dans le périmètre des Five Towns de Long Island, qu'elle décrit comme matérialiste, concurrentiel et « horrible », mais a suivi ses premiers cours de peinture et d'art à l'âge de 8 ans. Jeune adolescente, elle s'est prise de passion pour les musées de New York et a été inspirée par les idiomes de l'avant-garde. Dans une case de *Sacrée Bunche* on la voit adolescente regardant un tableau cubiste et pensant : « Si j'arrive à comprendre ce truc, je pourrai m'évader de Long Island !! ». Kominsky-Crumb a suivi les cours de Cooper Union à New York pendant un semestre avant de déménager à Tucson où elle a obtenu un Bachelor of Fine Arts en peinture de l'université d'Arizona.

Malgré sa formation picturale, la bande dessinée devient le médium dans lequel Kominsky-Crumb va concrétiser sa vision artistique. Elle finit par fuir le monde (souvent masculin et dominé par l'expressionnisme abstrait) des écoles d'art et de peinture pour celui de l'édition de bandes dessinées underground de San Francisco, qui semblait plus ouvert, poreux, réactif et véritablement expérimental, un univers où des récits intimes et, qui plus est, racontés par des femmes, pouvaient exister. Mais bien que ses bandes dessinées fonctionnent en dialogue avec le langage des Beaux-Arts – elle est particulièrement influencée par des peintres expressionnistes allemands comme Otto Dix et George Grosz – les amateurs de bande dessinée ont interprété son absence de réalisme mimétique comme un manque de talent et non comme de l'expressionnisme ; comme « moche » plutôt que « chargé » d'une urgence émotionnelle et d'une immédiateté dans la fébrilité des lignes et la distorsion des perspectives. Kominsky-Crumb a également été influencée par des artistes qui plongeaient dans le sombre et l'intime comme Alice Neel, Frida Khalo, James Ensor ou encore Matisse, Picasso et Cézanne – tous connus pour négliger les perspectives justes et le réalisme académique au profit de l'expressivité et la substance.

Le trait de Kominsky-Crumb est fin, tremblant et ses vignettes, alors que ses dessins sont dépourvus de détails réalistes, sont couramment saturées de textures et de motifs géométriques. Quand Kominsky-Crumb a commencé à travailler avec Robert Crumb pour produire des bandes dessinées à quatre mains, de nombreux fans du travail de Crumb – réputé pour ses traits hachurés et sa maîtrise technique – considérèrent sa main mal assurée, qu'on peut percevoir comme malhabile, comme une insulte ; ils envoyèrent des lettres méchantes.

Et pourtant, une critique d'art aussi puissante et exigeante que Roberta Smith du *New York Times* a pleinement saisi la valeur du style de Kominsky-Crumb. En 2007, commentant la rétrospective des 33 ans de bandes dessinées de Kominsky-Crumb à la galerie Adam Baumgold de New York, Smith écrivit qu'elle « excelle dans le comique autobiographique écrit et dessiné... Son style nerveux et spectaculaire rappelle les gravures sur bois de l'expressionnisme allemand dans ses puissants contrastes noir et blanc, et ses visages féminins ont parfois une force irrépressible. » Alors que Kominsky-Crumb a qualifié au choix son style graphique de laid, primitif, torturé, « des gribouillis », pour de nombreux lecteurs dont moi-même, sa rugosité, ses irrégularités et son « imperfection » sont plaisantes, pleines de charme et tout aussi (sinon plus) attirantes qu'un « rendu parfait ». Ses images donnent un sentiment de vitalité, de fluidité et de franchise. On peut considérer son style comme la transposition d'une tradition picturale ancienne au sein d'une tradition plus récente : la bande dessinée, dont le support est l'imprimé. (On peut faire le même constat pour le trait miteux d'un autre dessinateur qui a débuté dans les années 1970 : Gary Panter, qui a lui aussi été formé dans le monde des Beaux-Arts et des expositions et travaille aujourd'hui à la fois dans la bande dessinée et la peinture.) De son côté, Robert Crumb – qui explique qu'il a instantanément « pigé » le travail de Kominsky-Crumb et est son plus grand fan, remarque qu'« un trait parfait point un artiste ne fait », alors même que ses fans le tiennent pour un parangon de la perfection du rendu. Dans l'introduction au recueil des *Dirty Laundry*, Crumb s'adresse directement à son épouse : « Une technique maîtrisée peut être un piège, un ramassis de clichés et de trucs. Ton travail est entièrement dépourvu de ces clichés de bande dessinée... Tu demeures remarquablement imperméable à l'influence pernicieuse de tous ces trucs de la tradition du cartoon... Ce qui est la raison principale pour laquelle tant de dévots du médium BD sont rebutés par ton boulot. »

L'équipe de *Wimmen's Comix*, avec Aline au centre (encrage de P. Moodian, 1972)

Mais tous ne le sont pas. Même si, en comparaison d'autres figures importantes qui ont changé le paysage de la bande dessinée, l'œuvre de Kominsky-Crumb est demeurée dans l'ombre, elle a toujours eu des admirateurs ardents, profondément marqués par son influence. Ses bandes dessinées et le repère qu'a été *Sacrée Bunche* ont permis l'entrée d'histoires plus intimes dans le champ de la bande dessinée – d'histoires plus ouvertes à la fois en termes de style et de contenu. Elle a inspiré d'innombrables dessinateurs et lecteurs, particulièrement les femmes et les jeunes filles qui n'avaient pas l'habitude qu'on leur présente avec une telle honnêteté – sur papier ou ailleurs – les aspects variés de leur vie de tous les jours. La dessinatrice Phoebe Gloeckner a découvert *Twisted Sisters* quand elle était adolescente. Sa vie en a été changée et elle est devenue une artiste novatrice, dévoilant sans tabou la sexualité, comme l'avait fait Kominsky-Crumb, dans des registres qui incluent à la fois le plaisir et la dégradation. (Bien que les deux dessinatrices fassent un usage appuyé de l'anamorphose, en particulier quand il est question du corps masculin, Gloeckner en use avec un réalisme dévastateur, en contraste avec la manière expressionniste plus brouillonne de Kominsky-Crumb.)

Lors d'un débat que j'ai organisé en 2012 entre Kominsky-Crumb, Justin Green, Phoebe Gloeckner et Carol Tyler, Gloeckner déclara à Kominsky-Crumb, à propos de *Twisted Sisters*: « Je connaissais ce comic book par cœur... Je l'ai lu je ne sais combien de fois, et à chaque lecture, j'y trouvais quelque chose de nouveau. » À l'âge de 15 ans, elle adressa une lettre de fan à Kominsky-Crumb et elles finirent par se rencontrer. Quand l'album de Phoebe Gloeckner, *The Diary of a Teenage Girl* (*Vite, trop vite* en v.f.) fut adapté en long métrage, Aline Kominsky-Crumb y figura en images animées sous la forme d'une marraine-fée qui dialoguait à l'écran avec les acteurs. Parmi les innombrables dessinatrices à qui Kominsky-Crumb a ouvert la voie, notons aussi Alison Bechdel, autrice des *Gouines à Suivre*, *Fun Home* et *C'est toi ma maman?* Alison Bechdel a noté que les œuvres de Kominsky-Crumb « ont eu une grande influence sur moi dans son souci d'être le plus honnête possible, en particulier pour ce qui est du sexe. » Et Kominsky-Crumb, – qui a joué un rôle extrêmement important dans la reconnaissance de la bande dessinée comme une forme majeure de l'art contemporain en tant que rédactrice en chef de *Weirdo* entre 1986 et 1993 – a prolongé son héritage en veillant sur les premiers pas de dessinatrices telles que Phoebe Gloeckner, Julie Doucet, Carol Tyler et beaucoup d'autres (la majorité d'entre elles se retrouveraient d'ailleurs au sommaire des deux volumes de l'anthologie baptisée *Twisted Sisters*, comme les comic books).

Couverture de *Wimmen's Comix* #1 (1972)

Ces dix dernières années, l'attention critique portée aux bandes dessinées de Kominsky-Crumb, à leur signification, leur pertinence et leur attrait, s'est accrue (elle poursuit par ailleurs une carrière d'artiste qui expose et travaille sur différents supports, carrière qui a également suscité une grande attention – son style s'y révèle très différent de ce que montrent ses bandes dessinées et leur ton direct et autobiographique). Kominsky-Crumb et moi-même nous connaissons depuis 2005, elle m'a même accueillie chez elle en France – et m'a enseigné le yoga, la seule et unique fois où je l'ai pratiqué en compagnie d'un groupe de Françaises enthousiastes, elle-même jouant le rôle de la prof inflexible (dans les jours qui ont suivi, je n'ai pu mettre ou enlever une chemise sans ressentir de douleurs). J'ai écrit sur elle dans mon livre *Graphic Women: Life Narrative and Contemporary Comics*, qui s'ouvre sur l'examen de son héritage, et dans *Why Comics?, From Underground to Everywhere* – pour ce dernier dans un chapitre sur les bandes dessinées comme espace pour décrire l'illicite et le non-censuré, qu'il soit réaliste ou fantasmatique. Le titre d'un récent livre de recherche – *« How Comes Boys Get to Keep Their Noses? »: Women and Jewish American Identity in Contemporary Graphic Memoirs*, de Tahneer Oksman, est un emprunt direct à *Nose Job* (p. 105-107), une histoire triste et hilarante sur les canons de beauté qui ont cours quand on a grandi dans l'enclave juive de Long Island. Kominsky-Crumb apparaît également dans *Graphic Details: Jewish Women's Confessional Comics in Essays and Interviews*.

Et, de plus en plus régulièrement, l'œuvre de Kominsky-Crumb est enseignée dans les salles de cours. Un de mes anciens élèves, un étudiant qui a rédigé un article sur le travail de Kominsky-Crumb pour un cours d'histoire de l'art, m'a écrit: « Son style de dessin maladroit et l'anatomie déformée de ses personnages ne ressemblent à rien de ce que j'ai pu voir par ailleurs... Son travail unique marie des images de désir et de répulsion et donne à voir les aspects "sales" du corps et du désir féminins. On ressent une excitation à lire Kominsky-Crumb, à la voir défier la censure et à repérer comment elle a inspiré de nombreuses futures jeunes artistes intrépides».

D'autres étudiants ont fait des commentaires sur l'humanité de son travail, avec ses surfaces brouillonnes et son trait vivant et incontrôlable.

Kominsky-Crumb ne recule devant rien, s'attaquant à certains des tabous les plus profonds de l'Amérique. Dans la longue histoire «Ma maison de rêve», publiée ici pour la première fois dans son intégralité (p.177-209), elle révèle qu'elle est tombée enceinte à 18 ans («Je croyais que le LSD était une forme de contraception!») et a donné naissance en 1967 à un beau bébé qu'elle a abandonné. «J'ai eu une vie sexuelle débridée et j'ai pris beaucoup de drogues jusqu'au moment où j'étais sur le point d'accoucher», a-t-elle écrit dans *Need More Love*, ses mémoires dessinés de 2007. En ces temps de surveillance accrue et de renforcement du jugement moral sur le comportement maternel des femmes, admettre qu'on a pris «beaucoup de drogues» pendant sa grossesse n'est certes pas anodin à révéler publiquement, particulièrement si, comme c'est le cas ici, ce n'est résolument pas pour présenter des excuses et s'éviter la honte. Kominsky-Crumb a également publié, en collaboration avec Robert Crumb, une histoire sur l'expérience de se faire refaire le visage, «Saving Face» («Sauvez la face» en v.f.), paru dans le *New Yorker* en 2005. Autre tabou: exposer le détail d'une opération de chirurgie esthétique. Kominsky-Crumb m'a raconté que sa mère était horrifiée: «Comment as-tu pu raconter ça à tout le monde? Il faut le cacher! Personne ne doit savoir! Tu as l'air magnifique!» Elle m'a expliqué: «Je voulais libérer les gens pour qu'ils puissent en parler et ne pas culpabiliser des choses qu'ils décident de faire... Pour moi, ça a été une des choses les plus extrêmes que j'aie jamais dessinées.» Et j'ai été, bien que les connaissant, sincèrement choquée et fascinée de découvrir au cours de l'hiver 2017 Kominsky-Crumb et Crumb parler de leur richesse dans une bande dessinée autobiographique pour Harper's. (Crumb a déclaré que c'est Kominsky-Crumb qui l'a poussé à faire des histoires plus personnelles.) Aborder la question de l'argent du point de vue de celui qui en possède est, indiscutablement, un des derniers puissants tabous de la société américaine, et ils l'ont affronté sans détour. «Aline & Bob in Troubles With Money» s'ouvre sur la nouvelle qu'un original de Crumb s'est vendu 2,9 millions de dollars et l'histoire raconte les conseils que reçoit le couple sur la manière de gérer cet afflux d'argent. Drogues, chirurgie esthétique, argent: comprendre qu'il n'y a rien que Kominsky-Crumb ne soit prête à aborder dans son œuvre – l'accès sans limites qu'elle offre à ses lecteurs – est enthousiasmant.

Les histoires de Kominsky-Crumb sont pleines du sentiment courageux que tout est possible, à la fois par son approche sensible et pleine d'humour, et par sa vision d'un soi toujours changeant. Dans une de mes cases préférées, extraite de «Dans le ciel avec la Bunche» (p. 78-82), Kominsky-Crumb dessine 11 versions différentes d'elle-même, avec autant de rouges à lèvres et de coupes de cheveux (on trouve même un homme fumant le cigare) qui se font face et s'insultent. «On ne se supporte pas!» déclarent plusieurs de ses incarnations dans une bulle commune. «J'en ai tellement marre de mon caractère...» «Connasse!», s'invectivent-elles de façon hilarante. Aucune d'elles n'est la «vraie» incarnation – toutes le sont. À l'opposé de l'autodépréciation et de la dépression, cette vision discontinue et flottante de soi et de son potentiel foisonnant sous-tend le travail de Kominsky-Crumb de la manière la plus positive: elle montre comment les versions différentes de soi-même s'inversent et bougent avec le temps, incarnant ses contradictions pour vivre sa vie de la façon la plus pleine.

Hillary Chute, 10 octobre 2017
(texte écrit avant le décès d'Aline)

Hilllary Chute est professeure d'université, spécialiste de bande dessinée et de narration graphique.

Elle est l'autrice, entre autres, des ouvrages suivants:

Graphic Women: Life Narrative and Contemporary Comics (Columbia University Press, 2010), *Outside the Box: Interviews with Contemporary Cartoonists* (University of Chicago Press, 2014), *Disaster Drawn: Visual Witness, Comics and Documentary Form* (Harvard University Press, 2016), *Why Comics?: From Underground to Everywhere* (HarperCollins, 2017).

ALINE AU CAMP LAKE-VU (CENTRE GAUCHE), 1961.

AVEC ALEX LE PETIT FRÈRE, 1962.

ALINE ET FANNY.

ANNETTE ET ARNIE.

JOE, CIRCA 1965.

FANNY ET JOE.

AVEC CARL KOMINSKY, SON PREMIER MARI, 1966.

AVEC SA MÈRE ANNETTE, MIAMI, 1967.

PHOTOGRAPHIÉE PAR CARL KOMINSKY, 1971.

SACRÉE BUNCHE
d'Aline Kominsky-Crumb
a été achevé d'imprimer en novembre 2024
sur les presses de l'imprimerie Jelgavas, en Lettonie.
Première édition. Dépôt légal premier trimestre 2025.
ISBN 978-2-84414-951-0
L'Association
104 rue Ordener, 75018 Paris
www.lassociation.fr